독자님, 이렇게 책으로 만나뵙게 되어 영광입니다.

블로그, SNS, 유튜브 등에 이 책을 읽은 리뷰를 남겨주시면

큰 힘이 됩니다.

리뷰에는 사진을 찍어 올려주시면 더욱 감사합니다♡

동영상으로 촬영하셔도 됩니다.

독자님의 따뜻한 감상평은 독서의 시간을 더욱 아름답게 할 것입니다.

앞으로도 더 좋은 책으로 만나뵙겠습니다.

홀로 치앙마이 한 달 살기

홀로 치앙마이 한 달 살기

초판 1쇄 발행 | 2021년 3월 5일

지은이 | 강믿음
펴낸이 | 김지연
펴낸곳 | 마음세상

주 소 | 경기도 파주시 한빛로 70 515-501

출판등록 | 제406-2011-000024호

ISBN | 979-11-5636-448-1 (03910)

원고 투고 | maumsesang2@nate.com

* 값 13,300원

* 마음세상은 삶의 감동을 이끌어내는 진솔한 책을 발간
하고 있습니다. 참신한 원고가 준비되셨다면 망설이지 마
시고 연락주세요.

홀로 치앙마이 한 달 살기

강믿음 지음

마음세상

들어가는 글

혼자서 여행하는 사람 수가 많이 늘었다. 요즘 1인 가구가 늘어난 시기인
만큼 혼자 할 수 있는 것들이 많아졌고, 남녀 상관없이 혼자 여행을 간다.
여행에 관련된 TV 프로그램, 블로그와 여러 SNS를 통해서도 간접적으로
접할 수 있다. 나도 그들과 비슷한 여행을 추구하여, 주로 홀로 떠난다.

여행을 좋아하는 사람으로서 여러 여행이 있지만, 가장 최근에 혼자서
다녀온 여행 중 장기간 다녀온 여행이 있다. 그 여행은 '치앙마이에서 한
달 살기'다. 처음으로 도전해보는 타지에서의 긴 여정이라 조금은 두려웠
지만, 자기 자신을 믿고 힘차게 도전했다.

과거 5년 전만 해도 위와 같은 여행은 대단히 어려운 일이었다. 그러나
어떻게 환골탈태하여 혼자서 여행할 수 있었는지, 그리고 '치앙마이 한 달
살기'까지 도달할 수 있었던 원동력들을 이야기해보려 한다.

어렸을 때부터 여행을 좋아했다. 그러한 이유를 곰곰이 생각해보면, 나의 부모님은 집에 가만히 있기보단, 여행하는 것을 더 좋아하셨기에 가족끼리 여행이 잦았다. 또한, 식구들 없이도 엄마와 아빠께선 금슬이 워낙 좋으셔서 여행을 자주 다니셨다.

너무 어린 나이였기에 잘 기억 나지 않지만, 자유롭게 걸어 다닐 수 있는 유치원생 때부터 6식구 모두는 매번 국내로 방방곡곡 떠났다고 했다. 조금 더 성장했던 초등학교 3학년 때는 난생처음으로 여권 사진을 찍고, 싱가포르라는 나라로 해외여행을 떠났던 기억이 난다.

나의 어린 시절은 이렇듯, 여행을 좋아하시는 부모님을 보고 자라왔다. 새로운 장소에 갔을 때 두렵기보단 흥미와 호기심이 생겼고, 무엇이든지 잘 먹는 아이로 성장할 수 있었다. 여행이란 언제든지 어디든지 쉽게 떠날 수 있다는 것을 몸소 배웠다.

학구열이 풍부했던 고등학교를 졸업 후 어느새 혼자서도 자립할 수 있는 나이, 20대가 되었다. 그때의 나는 다른 건 혼자서 하기 어려워도 여행에서는 누구보다 자신 있었다. 이전에 경험해 온 내공으로 혼자 준비하여 홀로 어디든지 떠날 수 있다고 생각했다. 그러나 생각과는 다르게 나의 현실은 반대였다.

내 현실이 생각과 달랐던 이유를 생각해보면, 예전에 누군가와 다녀왔던 여행에 대한 좋은 인식만 있었을 뿐 내성적이고 수동적이었던 나에게는 어려운 일이었다. 혼자 떠나는 여행은 마치 하늘의 별 따기와 같았다. 그래서 친구, 지인, 가족 등 동행자가 있어야만 어디든지 떠날 수 있었다.

누군가와 함께 떠나는 여행도 장점이 많았다. 동행자와 함께하여 서로 의지했고, 외롭지 않았다. 그리고 동행자와 같이 내가 원하는 여행을 할 수 있어서 굉장히 좋았다.

그들과 함께 다양한 형태로 여행을 다녀보니, 내가 어떤 여행을 좋아하는지 알 수 있었다. 그 여행은 자유로운 형태의 여행이었다. 그래서 가끔은 동행자와 함께 하는 여행이 불편했다. 물론 동행자와 여행 스타일이 비슷하면 괜찮았지만, 그런 사람과 함께하기가 쉽지 않았다. 또한, 여행을 떠나기 전에 동행자와 함께 일정을 맞추는 일도 어려웠다. 잘 맞춰지지 않으면 떠나기 전부터 지쳐있었다. 언제든지 떠나고 싶은 마음은 굴뚝같았으나, 이와 같은 일들로 종종 떠날 기회를 놓쳤다. 놓친 여행 기회가 쌓일수록 시간을 점점 흘러갔고, 내 나이도 한 살 한 살 쌓여만 갔다.

쌓여 가는 나이를 보니 어느덧 대학교 졸업을 앞둔 24살이 되어있었다. 그 당시에는 대학교 졸업을 앞두고 있었으나, 취업도, 소박한 꿈도, 나의 정체성도 없이 이리저리 방황했다. 그래서 그 시점에 새로운 전환점이 필요했다.

운이 좋게도 그때 홀로 여행을 자주 다녔던 지인이 "생각 정리할 겸 혼자 여행을 경험해보고, 그 후에 여행지에서 나랑 만나는 건 어때? 처음이라서 그렇지 괜찮을 거야~"라고 권유했다. 진심이 담긴 그녀의 권유와 격려 덕분에 혼자 떠날 용기가 조금씩 생기기 시작했다. 그러나 처음 경험해보는 여행이라서 겁이 났다. '이 다짐을 그저 다음 기회로 미뤄둘까?'라고 생각했었으나, 이 기회를 통해 극복하지 않으면 영원히 극복하지 못할 것 같았기에 마음을 단단히 먹고 무작정 떠났다.

그렇게 떠난 첫 홀로 여행은 굉장했다. 그 여행은 2박 3일 제주도로 떠난 여행이었다. 첫 여행이라서 좌충우돌했던 일이 다반사였으나 언제나 즐거웠다. 이곳에는 정다운 사람들, 아름다운 풍경, 무엇을 먹어도 맛있었던 음식들 등이 기다리고 있어서 항상 행복했다. 이 여행은 나에게 있어서 인생을 뒤흔들어 놓을 만큼 의미 있는 여행이었다. 지금도 홀로 떠났던 그 날이 생생하게 기억난다.

　처음으로 도전한 홀로 여행을 통해 느낀 부분이 많았다. 첫 번째는 여행 전부터 온갖 걱정을 하지 않아도 된다는 점이었다. 여행 전에 고민했던 부분은 여행 중에 실제로 일어나지 않았다. 만약 부득이하게 일어난다 해도 혼자서든 다른 사람 도움을 통해서든 충분히 해결할 수 있었다. 두 번째는 혼자 여행을 가면 상상 이상으로 재미있는 일들과 좋은 사람들이 많았다. 어느 여행지를 가든지 그곳에는 항상 그들이 기다리고 있었다. (앞서 이야기한 부분은 나에게 있어서 가장 많이 느꼈던 부분이다. 또한, 여행지와 여행 목적에 따라 느껴지는 부분이 다양하다.)

　첫 홀로 여행이 도움닫기가 되어 어느 곳이든지 혼자 떠날 수 있다. 누군가에게는 내 경험이 적을 수도 있고 많을 수도 있다. 언 16번째가 된 홀로 여행은 '치앙마이 한 달 살기'이다. 앞으로 전개될 내용은 '여자 혼자, 치앙마이에서 한 달 살기'를 이야기하고자 한다. 이 책은 치앙마이에 대한 정확한 정보 전달보다는 그곳에서 보고 느꼈던 것들 위주로 담겨있다.

　'태국에 있는 치앙마이와 그 외 근교 지역'으로 이곳에서 경험했던 다양한 일들, 타국에서 혼자 한 달 살기를 했을 때 느꼈던 부분, 어떠한 시행착오를 겪었는지를 흥미롭게 이야기한다. 이 외에도 한 달 살기를 하면서 직접 경험해보고 알아보았던 '꿀처럼 달콤한 정보'도 있으니 그 부분을 참고해도 좋다. 가벼운 마음으로 읽어주시길 바라며 드디어 '홀로 떠난 치앙마이 한 달 살기'를 시작하려 한다.

제1장

설레는 한 달 살기
선택과 준비

치앙마이, 내가 선택한 곳

　수많은 여행지 중에서 난 치앙마이를 선택했다. 이곳을 선택한 이유를 차근차근 이야기해보려 한다. 숫자로는 짧고 심적으로는 길었던 직장 생활을 청산하고 다른 계열로 이직 겸 대학원 준비를 하면서 쉬고 있었다. '생각 정리 좀 할 겸 어디를 다녀올까?' 생각하던 중, 2019년 5월 중순에 한국과 가까운 일본 후쿠오카를 5박 6일 혼자 다녀왔다. 방문했던 후쿠오카 날씨는 하늘이 노래질 만큼 더웠지만, 6일이라는 시간이 짧게 느껴졌고 즐거운 여행이었다. 오랜만에 혼자 떠난 여행이었기에 하루하루가 즐겁고 알찼다. 일본을 다녀온 이후에 해외여행을 또 하고 싶은 마음이 솟구쳤지만 바로 떠날 수 없었다. 여러 대학원 준비 때문에 한국에 머물러야 했다.

　이런 아쉬움을 뒤로한 채 후기 대학원 입학시험 준비 중 우연히 발견한 것이 있었다. 그것은 바로 사람들이 많이 찾는 해외 여행지였던 태국 북부에 있는 '제2의 도시 치앙마이'에 대한 좋은 정보였다.

태국 수도와 해변이 있는 곳은 비행깃값이 저렴하지만, 물가가 하늘을 찌르는 정도로 비쌌다. 그래서 그런 곳보다는 덜 발달 되고 물가가 저렴한 치앙마이에 관심이 있었다. 또한, 부모님께서 자주 방문하셨던 곳으로 극찬했던 곳이었기에 꼭 한번은 가보고 싶었다.

한 번쯤은 가고 싶었던 곳이었으나, 쉽게 떠나지 못한 이유가 있었다. 동남아시아인데도 불구하고 비행기도 몇 대 없었고, 직항 비행깃값이 터무니없이 비쌌기에 엄두를 내지 못했다. 그러나 좋은 소식이 있었다. 직항으로 가는 저렴한 항공사가 최근에 생겼다. 그 정보는 길을 가다가 귀인을 만난 것 같은 기쁜 소식이었다.

저가 항공사가 생기기 전에는 온통 산으로 둘려진 곳으로 극소수만 아는 여행지였다. 때 묻지 않은 곳으로 비행깃값이 비쌌고, 이전에 관광지로 유명하지 않았기에 직항 항공편이 하루에 딱 1대 있었다. 대략 왕복 60~70만 원으로 더 오를 때는 약 130만 원으로 미리 표를 끊어놓지 않으면 감당할 수 없는 금액까지 올라갔다.

이를 대비하기 위해 부모님께서는 그동안 차곡차곡 모아온 마일리지를 사용했고, 항상 6개월 전쯤 비행기 표를 끊으셨다.

부담스러운 직항 항공사를 대신할만한 수단이 있었다. 경유가 가능한 항공사 비행기를 통해 태국 수도까지 갔다가 그곳에서 다양한 대중교통(비행기, 버스, 기차 등)을 선택하면 되었다. 이처럼 치앙마이에 도달하기까지 값비싼 직항 비행기를 타고 가거나 경유를 해서 저렴하게 떠나는 등 여러 방법이 있었으나, 최근에는 좋은 방법이 하나 더 생겼다. 저렴하게 이용할 수 있는 직항 비행기가 생겨서 치앙마이를 부담 없이 갈 수 있고, 대중교통을 선택할 수 있는 폭이 넓어졌다.

저가 항공사로 인해 예전부터 가고 싶었던 치앙마이 여행과 가까워졌고, 동시에 평소에 관심 있었던 치앙마이 한 달 살기가 가능해 보였다. 치앙마이뿐만 아니라 다른 나라에서도 장기간 머무르는 사람들이 많아졌다. 몇몇 사람들은 각박한 일상생활에 시달려 힘이 들 때, 한국이 아닌 다른 문화권을 지닌 국외로 장기간 떠나 지쳐있는 심신을 달랜다는 글을 읽었다. 이러한 사례는 2박 3일, 3박 4일 등 짧은 여행이 아닌, 보통 최소 '한 달 살기'를 시작으로 두 달 살기, 반년 살기, 1년 살기 등등, 긴 시간 동안 떠났던 이야기였다. 장기간 여행을 떠난 그들처럼 나 또한 심신이 지쳐있었기에 위와 같은 글에 관심이 갔다. 장기간 여행 중 최대한 긴 여행을 떠나고 싶었지만, 또 다른 일정과 대학원 입학 준비 때문에 장기간 여행 중, 한 달 여행을 선택했다.

한 달 살기를 함으로써 여러 나라 중 한 달 살기를 하면 좋은 나라를 찾아보았다. 그중 기분 좋게도 치앙마이가 상위권에 있었다. 그래서 상위권이었던 이유와 치앙마이 특징을 찾아보았다. 첫 번째는 빠르게 움직이는 한국과는 달리, 동남아시아 전반적으로는 느긋함을 즐기며 살아가고 있었다. 태국 북부에 있는 치앙마이도 아직 덜 발달 된 곳이라서 여유와 느긋함을 충분히 누릴 수 있는 곳이었다.

두 번째는 물가가 상당히 저렴하여 여행 경비가 절약되었다. 예를 들어 숙박비, 생필품, 먹거리(열대과일, 현지 음식 등), 마시지 받기, 기념품 구매 등 그곳에서 생활하고 경험할 수 있는 것들을 비교해보니 무엇 하나 빠지지 않고 거의 다 저렴한 편이었다.

세 번째는 치앙마이 외에 그 주변 근교를 찾아보니 치앙마이를 정복 후 심심할 때 다녀올 수 있는 여러 근교 지역이 있었다. 예를 들면, 치앙라이,

매홍손 및 빠이, 치앙다이, 매림 등등, 그 외에도 많은 곳이 치앙마이를 중심으로 모여있었다. 현지인뿐만 아니라 여행자들도 그곳을 쉽게 다녀올 수 있는 다양한 대중교통도 있었다. 원하는 곳만 미리 정해놓는다면 어디든지 찾아갈 수 있었다.

마지막으로 제일 중요했었던 건, 안전과 치안이었다. 나이로 봤을 때 20대 후반이라서 어리지 않지만, 여자라서 걱정되는 부분이었다. 다행히도 치앙마이는 안전했고, 혼자서든 여럿이든 여행하기 좋은 곳이라 마음이 놓였다.

종합적으로 보았을 때, 다수가 선호하는 것들만 콕콕 집어 모아 놓은 여행지라서 인기가 있어 보였다. 이처럼 수많은 장점이 있었기에 이곳을 꼭 방문해야겠다고 마음을 먹었다.

여행 전, 곧 다가올 대학원 입학시험 준비는 '입학시험만 끝나면 고대했던 치앙마이 여행을 드디어 할 수 있어!'라는 즐거운 마음으로 공부하다 보니, 수월하게 진행했다. 그리고 마침내, '내가 그토록 원했던 치앙마이 비행기 표'를 예매했다. 단지 좋은 기회가 찾아와 표를 구매하고 달력을 보니 비행기를 타기 전까지 단 10일밖에 남지 않았다는 것을 알아차렸다.

어서 떠날 준비를 해야겠다!

번외 치앙마이로 여행을 결정하게 된 이유 중 하나는 이곳에서 부모님을 만날 수 있기 때문이다. 내가 먼저 치앙마이에 정착하고, 한 달 살기에서 중후반 정도 시간이 지나있을 때쯤이면, 부모님께서 치앙마이에 오시기 때문에 이곳을 선택했다. 이곳에서 만나는 부모님의 모습이 살짝~ 기대가 되기도 했다.

치앙마이에서 하고 싶은 것, 구체적으로 찾기

설레는 마음으로 비행기 표를 예매했다. 표를 구매하기 전, 아주 기본적인 치앙마이 정보를 알아보았는데, 이곳을 조금 더 알고 싶었기에 여러 매체를 통해 찾아봤다. 치앙마이 여행 관련 책이나 앱, 블로그, 그 외 SNS 등 다양한 매체를 통해 정보를 수집했다.

내가 알고 있던 것 외에도 수많은 정보가 있었다. 치앙마이와 근교 맛집들, 현지인이 주로 즐겨 먹는 음식들, 여러 숙소 정보, 다양한 대중교통, 기본적인 태국어 등 치앙마이에서 활용하면 좋은 정보들을 얻을 수 있었다.

또한, 매체를 통해 수집했던 정보만으로도 여행 준비가 충분했으나, 그 정보가 더욱더 탄탄해져 갔다. 그 이유는 매년 마다 치앙마이를 다녀오시는 부모님의 경험담이었다. 여러 매체에서 알 수 없었던 또 다른 정보와 덧붙일 수 있는 정보가 있어서 여행 준비에 많은 도움이 되었다.

치앙마이를 알면 알수록 이곳에서 하고 싶은 것들이 하나씩 하나씩 생기기 시작했고, 마침내 나만의 여행 버킷리스트가 생겼다. 버킷리스트 목록은 아래와 같다.

오전 9시 무료 요가 참여하기, 예술의 도시 치앙마이에 있는 미술관 관람하기, 핸드메이드 및 공예품 구매하기, 원데이 클래스 체험하기, 오전·오후 오픈하는 시장(마켓) 다녀오기, 사원 구경하기, 내가 머무는 동네 정복하기, 근교 지역 다녀오기, 다양한 대중교통 이용하기, 나와 맞는 마사지 샵 찾아 원 없이 받아보기, 단골 가게 만들기, 현지인처럼 생활해보기, 내가 좋아하는 팟타이 질리도록 먹기, 현지 음식을 가리지 않고 잘 먹기, 다양한 카페 탐방하기, 간단한 태국어 배워오기, 외국인 친구 만들어오기, 지루할 만큼 실컷 뒹굴뒹굴하며 쉬다 오기 등등.

단순히 치앙마이가 궁금해서 다양한 정보를 습득했더니, 내 수첩에는 빼곡하게 쓴 버킷리스트 목록이 있었다. 여러 목록 중, 특별히 별 5개로 표시해두었던 버킷리스트가 있었다. 그것은 바로 '치앙마이에 사는 현지 사람처럼 현지 음식을 가리지 않고 잘 먹기'였다. 태국 음식을 굉장히 좋아하기 때문에 치앙마이에 있는 고유 음식들을 다양하게 먹어보고 싶었다.

치앙마이 여행에 있어서 유용한 정보들과 여행 버킷리스트까지 준비되었으니 머무를 숙소를 찾아야겠다.

치앙마이의 첫 숙소 위치 찾기

치앙마이에 도착해서 머무를 숙소와 위치를 미리 찾아야 했다. 어디에서 묵을지 곰곰이 생각하다가, 사람들이 많은 번화가보다 한적한 곳에 있는 숙소를 정하기로 했다.

먼저 숙소 위치 선정에 대한 자세한 이유를 설명하기 전에, 숙소들이 주로 모여있는 치앙마이 동네들을 간단히 소개하려고 한다. 그 이유는 대략적인 치앙마이의 지형, 위치, 동네 특징 등을 설명해야, 내가 이곳을 선택했던 이유를 수월하게 이해할 수 있을 거 같다. 그래서 간략하게 이야기하고자 한다.

치앙마이에 있는 숙소 위치들을 크게 나눠보았을 때, 님만해민, 올드타운, 핑강 주변 등으로 나뉜다.

'님만해민'은 여행객들이 편하게 생활하기 좋은 곳이었다. 치앙마이에서 가장 큰 멀티플렉스와 치앙마이에서 가로수길이라 불리는 멋진 거리 등이 그곳에 자리를 잡고 있어, 로컬 분위기보단 세련되며 도시적인 모습이 보였다.

'올드타운'은 치앙마이에서 가장 큰 범위를 차지하는 듯했다. 치앙마이를 위에서 내려다보면, 정사각형으로 이루어진 지형이었다. 그 주변에는 강이 사방으로 둘러싸여 있었고, 동서남북마다 곳곳에 다양한 볼거리가 있었다. 앞서 이야기했던 님만해민과 다른 로컬 분위기가 느껴졌다. 이곳은 현지인 삶이 그대로 담겨있었고, 한적하여 어느 동네보다 여유로웠다.

'핑강 주변'은 올드타운 근방에 있다. 올드타운과 비슷하게 로컬 분위기도 있지만, 휴양지에 놀러 온 것처럼 여유롭게 한량을 즐길 수 있는 곳이었다. 관광하기 위해서 열심히 돌아다니는 사람들보다는 보통 아무것도 하지 않고, 숙소와 숙소 근처에서 그저 쉬러 온 사람들이 찾아왔다.

다양한 동네 소개를 마치고 여러 동네 중 '올드타운'을 선택했던 이유는 여러 가지 이유가 있었으나, 가장 큰 이유는 이전에 경험해보지 못한 환경이라서 더 매력 있게 끌렸다. 현재 사는 곳이 대단히 편하지만, 다소 딱딱하고 도시적인 분위기라서 그런지, 이곳에 시선이 갔다.

이곳은 옛날 시골 동네처럼 푸근하고 구수해 보였다. 치앙마이에서만 볼 수 있는 낮은 지붕의 옛날 집들, 그곳에서 살아온 사람들의 흔적이 보이는 골목길 등등 동네 구석구석 낭만과 추억이 담겨있는 듯했다.

그리고 치앙마이 한 달 살기를 하면서 하고 싶은 것이 있었다. 여러 나라 여행객들과 또는 한국 사람들과 다복하게 어울리기보단, 그곳에 사는 현지 사람들과 함께 생활하고 친해지기를 원했다. 이 위치를 선택함으로써 훨씬 여유로웠고, 실제 거주하는 현지인 삶을 가까이에서 만날 수 있었다.

'올드시티'라는 동네는 동서남북으로 크게 나눠질 정도로 큰 동네라서 어느 쪽을 고를지 어려웠다. 열심히 고민하다가 결정한 위치는 올드시티 남쪽 중앙에 있는 곳으로 푸라투 치앙마이 광장 부근이었다. 숙소를 선택하고 직접 방문했을 때는 고민한 보람을 느낄 수 있었다. 그 정도로 좋은 위치였다.

좋았던 이유는 다양한 상점들과 소소하게 열리는 야시장이 있었고, 숙소 앞에는 넓은 도로가 있어서 치앙마이 공항에 도착하여 숙소를 찾을 때나, 숙소 외에 다른 곳을 갔다가 다시 돌아올 때 찾기 쉬운 곳이었다.

열심히 찾은 숙소를 예약했다. 이곳에 도착한 첫 주에서 대략 둘째 주까지는 짐을 들고 이곳저곳 숙소 옮기는 것을 꺼렸기에 10박 11일을 한 번에 예약했다. (그렇게 예약했던 숙소가 여행 중 말썽을 부려 조금 힘들었지만, 지나고 보니 또 하나의 추억이 된 장소였다)

첫 번째 숙소도 정해졌으니 이 시점에 남은 것은 여행 가방과 그 안에 짐이다. 준비하러 가야겠다.

마지막 준비, 간소화된 짐

거의 모든 준비는 끝나갔다. 숙소 예약 외에 잠시 사용할 유심칩, 핸드폰 정지신청, 환전하기, 여행자보험 신청 등을 끝냈다. 이젠 짐 싸기만 남았다.

짐을 싸기 전, 가져가야 할 목록을 확인해보니, 얼마 전에 다녀온 일본 여행 때 가져갔던 짐들과 비슷하여 그대로 가져가기만 하면 되었다. 짐 중에 제일 많이 차지했던 부분이 옷이었는데, 이곳을 떠날 때만큼은 부피가 작았다. 치앙마이는 체감상 더운 곳에 속했기 때문에 가볍고 얇은 옷들로 정리했다.

미리 준비해둔 것들과 부피가 작은 옷들로 짐 정리를 하다 보니, 여러 여행 중 이번 여행 짐 싸기가 제일 수월했고, 빨리 끝났다. 생각보다 빨리 정리되어서 '미처 생각하지 못한 것들이 있나? 한 달 동안 여행 가는데, 더 필요한 건 없나?' 등 추가로 넣어야 할 것들을 생각해보았다.

여유롭게 커피 마시며 읽을 수 있는 책들과 수영장이 있는 숙소에 묵게될 경우를 생각하며 래시가드, 수건, 방수팩, 튜브 등을 넣었고, 햇빛이 쨍할 때 사용할 수 있는 선글라스, 평소에는 자주 사용하지 않던 각종 화장품과 액세서리 등을 챙겼다. 이 외에도 내가 좋아하는 엽서, 컵, 과자, 수첩, 펜, 고무줄, 거울 등등 각종 잡동사니를 마구마구 집어넣었다.

어느새 나도 모르게 점점 더 무게가 있는 여행 가방으로 변해가고 있었고, 뭐가 더 없을까 고민하던 찰나, 문득 어떤 말이 떠올랐다.

그것은 엄마의 말씀이었다. "그곳은 한국과 비슷하기도 하고, 사람 사는곳은 거의 비슷해서 그곳에 도착하면 다~ 있어. 무겁게 짐 싸지 말고 필요할 때마다 사서 써~ 그렇게 해야 너에게 좋을 거야!"라고 말씀하셨던 조언이 생각났다. 엄마께서 조언해 주셨을 때는 크게 와닿지 않았는데, 여행가방에 뭔가를 이것저것 집어넣고 또 뭐가 있을까 고민하던 나를 발견했을 때 그 말이 와닿았다.

엄마의 조언을 곰곰이 생각해보니, 여행을 나보다 더 많이 다니셨고 치앙마이를 자주 방문했기에 뼈가 있는 조언이었다. 그래서 필요 없는 물건을 덜어내고 꼭 필요한 물건만 넣기로 했다.

무거운 짐일수록 준비가 아주 철저한 여행이 되겠지만, 간혹 무거운 짐때문에 고생했던 경험을 떠올리면, 짐을 최소한 덜어내는 것이 좋다고 생각한다. 짐이 가벼우면 아직도 뭘 채워 넣어야 한다는 강박적인 내 모습을보아하니 이런 생각을 항상 재정비하고, 가볍게 떠나야 좋다는 것을 매번기억해야겠다.

한결 가벼운 짐과 마음이 준비되었으니, 어서 떠나야겠다!

제2장

좌충우돌
낯선 땅 입문기

사우디 카! 치앙마이
운수가 좋지 않았던 첫날

설렘이 가득했던 5시간 30분 비행을 마치고 드디어 치앙마이 땅을 밟았다. 치앙마이에 무사히 도착해서 기뻤지만, 동시에 여행 가방을 찾아 숙소로 가야 했기에 긴장감을 늦출 수 없었다. 기쁜 마음으로 비행기에 내려서 짐도 제일 먼저 찾고, 사람들 사이로 빠르게 빠져나왔다. 그러나 안타깝게도 공항 밖을 나서고부터 숙소에 도착하기까지 그 여정은 몹시 힘들고, 인상적이었다.

그 여정은 이렇다. 숙소로 가기 위해 핸드폰 앱으로 차를 불렀다. 공항에서 무료 와이파이를 사용할 수 있었기에 준비해 온 유심칩을 사용하지 않고 공항으로 차를 불렀는데, 그 기사님과 나의 화합이 맞지 않았다.

그 당시 어떤 이유인지 정확히 기억이 나지 않지만, 기사님은 내가 있는 공항 내부로 들어오지 못한다고 하여, 힘겹게 여행 가방을 끌고 약속한 장소로 걸어갔다. 처음 공항 밖을 나왔을 때 느꼈던 온도는 이 정도면 따뜻하다고 생각했으나, 짐을 들고 열심히 걷다 보니 불쾌지수가 이루 말할 수 없이 치솟았다. 콧등, 이마, 등허리 등등 땀구멍이 있는 곳이라면 비가 내리는 듯 땀이 났다.

열심히 걸어서 도착한 그곳에는 아무리 둘러보아도 내가 부른 차 번호가 없었다. 그 차를 찾으러 움직이려다가 혹여나 내가 이동하면 그 기사님이 날 찾지 못할 거 같아, 약 20분 동안 약속한 장소에 서서 기다렸다.

단순히 기다리는 것은 괜찮았는데, 더운 날씨로 인해 땀에 흠뻑 젖은 채로 기약 없이 기다리는 것은 매우 힘들었다. 기다리다 지쳐 그와 연락을 해야 했다. 그러나 연락을 하려면 와이파이나 데이터가 잘 터져야 하는데, 공항과 멀리 떨어진 곳에 서 있는 나는 당연히 연락할 수 없었다. 아무것도 없는 텅 빈 인도에서 미리 갖고 온 유심칩을 설치한 후 기사님과 다시 연락을 시도했다.

우여곡절 끝에 연락된 기사님은 공항 주변을 잘 모르시는 듯했다. 약속한 장소가 큰 길가임에도 그 장소를 여러 번 물어보았고, 내가 있는 주변 환경 사진을 몇 장 찍어 보내니 그제야 나에게 찾아왔다.

기사님을 본 순간은 기뻤다. 더운 날씨가 내 기분을 뜨겁게 달궈줘서 좋지 않았고, 기사님과 잘 맞지 않아서 불만도 있었으나. 어떻게 찾아와줘서 한편으로는 감사했다. 그리고 고생 끝에 드디어 숙소로 이동할 수 있다는 생각에 마치 실성한 사람처럼 웃음이 나왔다.

보통 동남아시아 여행 중 택시 같은 대중교통을 이용하는 경우, 손님이 무거운 짐이 있으면 기사님께서 차 밖으로 나와 차 트렁크에 실어 주시거나 내려주시는데, 내가 만났던 기사님은 달랐다.

기사님과 처음 만났을 때, 나는 여행용 큰 가방을 들고 있었음에도 트렁크 문을 열어주지 않아서 내가 먼저 이야기했고, 기사님은 차 안에서 트렁크만 열어줬다. 숙소에 무사히 도착했을 때도 비슷했다. 짐을 실어놓았던 트렁크를 다시 열어줘야 하는데, 가만히 정차하고 있어서 기사님이 앉아 있는 쪽 창문을 두드리니 그제야 알고 트렁크를 열어줬다. 그 당시 매우 황당했고, 기사님이 특이하다고 생각했다.

그리고 공항에서 숙소까지 자동차로 약 25분 걸리는 거리였다. 치앙마이에서 보통 그 거리는 100바트 정도였고, 그 당시 원화로 하면 4,000원 정도 되었는데, 내가 냈던 금액은 대략 7,200원이었다. 어떤 이유로 많은 금액이 나왔는지는 기억이 잘 나지 않지만, 그때 차가 많이 막혔고, 그 차가 공항으로 와야 했기에 어느 정도는 이해할 수 있었다. 하지만 그 기사님은 나와 맞지 않아서 내가 냈던 금액이 매우 비싸게 느껴졌다.

이러한 경험이 그날의 운이었겠지만, 로마에 오면 로마법을 따르라고 하듯이 내가 도착한 이곳은 치앙마이였고, 여행자로서 그 기사님과 여러 상황을 너그럽게 받아들여야 했다.

설렘을 가득 안고 치앙마이에 도착했으나, 온갖 고생을 첫날 경험해서 그런지, 아직도 치앙마이에 도착한 첫날의 기억이 뚜렷하다. '치앙마이에 도착했을 때 보았던 공항 분위기, 공항 밖에서 느꼈던 무더운 날씨, 기사님을 기다리면서 만났던 사람들과 도로 위를 바쁘게 움직였던 차들, 특이했던 기사님, 무거웠던 짐, 복잡했던 내 마음 등' 어떤 모습이었는지 생생하게 떠오른다.

숙소 주변은?

　숙소는 올드시티 동네 남쪽 정중앙에 있었고, 그 주변은 생활하기 편한 곳이었다. 마트, 편의점, 약국, 재래시장, 화장품 가게, 마사지 샵 카페, 다양한 종류의 음식점, 코인세탁소, 병원 등등이 있었다. 그리고 매일 오후 4시 30분만 되면 다양한 메뉴를 선보이는 소소한 야시장과 그 야시장 옆 근처에는 매주 토요일마다 열리는 야시장이 있었다. 매일 열리는 야시장보다 배는 크고 화려한 야시장이었다. 야시장이 있어서 사람들의 왕래가 잦은 곳이긴 했으나, 일정한 시간에만 잠깐 활발하고 평상시에는 조용한 동네였다. 이처럼 숙소 주변에는 부족한 것이 없을 정도로 풍족했다.

　무엇보다 일상생활이 편했던 이곳은 다른 동네와 비교했을 때 음식이 더 푸짐했고 더 맛있었다. 그리고 똑같은 물건이나 비슷한 음식이 5~10바트 정도 더 저렴했다. 이곳에서만 생활할 때는 몰랐으나, 다른 동네를 다녀와 보니 '숙소 주변이 참 좋은 동네구나'라고 느낄 수 있었다.

그리고 숙소 주변에는 특이한 모습이 있었다. 숙소 주변에는 가볍게 산책하기 좋은 '프라투 치앙마이'라는 성벽과 광장이 있었는데, 반전이 있었다. 그것은 낮과 밤의 모습이 전혀 달랐다.

햇볕이 뜨거운 아침과 낮, 성벽 근처에 가보면 사람들을 보기가 어려웠다. 있다고 하더라도 소수의 몇 사람뿐이었다. 아침에는 몇몇 외국인이 아침 운동을 하는 공간이었고, 낮에는 나무 아래서 한량을 즐기시는 노인분들의 쉼터가 되었으며 때로는 비둘기들의 모임 장소였다.

어느덧 날이 저물거나 오후 4시 30분 이후가 되면, 오전과 낮에 계셨던 분들은 온데간데없고 상인들끼리 모여 야시장을 열었다. 인적이 드물었던 곳은 사람들로 가득해졌고, 화려한 거리로 바뀌었다. 그렇게 매일매일 낮과 밤의 온도 차가 있었다.

모처럼 편하고, 저렴하고, 다양한 모습을 갖춘 동네였기에 이곳에서 생활은 하루하루가 풍족했다. 따라서 숙소 주변은 좋은 동네였다.

변덕스러운 치앙마이 날씨

내게 치앙마이 날씨는 변덕스러웠다. 굉장히 뜨거우면서 더웠고, 어두 워질 때쯤이면 조금은 시원했고, 예고도 없이 비가 자주 내렸고, 내가 한 국으로 돌아갈 때가 되니 갑자기 시원해지는 현상 등 변덕스러웠다. 치앙 마이 날씨와 친해지고 싶었으나, 날씨의 속마음을 읽을 수 없었다. 우리는 서로가 가까워지기까지 많은 시간이 필요했다.

치앙마이에 방문하기 전, 날씨를 공부했을 때는 더위를 먹을 만큼 덥지 않고 선선하다고 했는데, 실제로 경험해보니 정반대였다.

치앙마이에 도착한 지 얼마 안 되었을 때, 이렇게 더운 줄 모르고 뜨거운 햇볕 아래 긴 시간 동안 나가 있었다가 크게 아팠다. 더위를 먹어서 며칠 동안 아무것도 못 하고 온종일 침대에 누워있었다. 살이 어둡게 변한 일은 내게 별일은 아니었으나, 어디서나 잘 먹었던 내가 입맛이 없어서 끼니를 거르고, 편두통이 자주 찾아와서 힘들었다. 내가 이렇게 아픈 줄 모르고 햇볕은 한없이 강하게 내리쬈다.

이처럼 날씨는 뜨겁고 더웠기 때문에 사람들은 이를 알고 한참 더운 시간대나 그런 날에는 밖을 자주 나오지 않았던 거 같다. 아프기 전에 그 사실을 모르고 뜨거울 때 자주 나왔었는데, 다시 생각해보면 내가 있었던 곳에는 항상 사람들이 드물었다. 다들 시원한 곳을 찾아 떠나 있어서 그런지, 날이 밝을 때의 거리는 항상 허전했다.

다행히도 선선할 때가 있었다. 어둑어둑해진 하늘에 주황 불빛이 하나, 둘씩 켜질 때면 낮보다 훨씬 시원해졌고, 다들 어디 있다가 밖으로 나오는 것인지는 정확히 모르지만, 거리에는 항상 사람들로 가득했다. 다들 뜨거운 오전과 낮보다는 선선한 저녁에 나와 활동적인 움직임을 시작하는 듯했다.

그리고 한 달 살기를 하러 왔던 날이 6월 말에서 7월 말쯤이었는데 그당시 날씨는 덥기도 했으나, 우기가 시작되는 듯했다. 종종 마른하늘에 예고도 없이 비가 내렸다. 햇빛을 가리기 위해서도 우산을 꼭 갖고 다녀야 했지만, 수시로 내리는 비를 피하기 위해서라도 우산을 챙겨야 했다. 이처럼 우산은 없어서는 안 될 필수품이었다.

하늘에서 내리는 비는 소나기처럼 무섭게 내리는 날도 있었지만, 가늘고 길게 소리 없이 내리는 보슬비 같은 비가 내리는 날이 더 많았다. 어떠한 비든 상관없이 항상 비를 피하려고 우산을 열심히 폈는데, 우기라는 날씨에 익숙한 다수 현지인은 굵은 소나기 같은 빗물이 떨어지지 않은 이상 굳이 우산을 펼치지 않았다. 보슬비를 맞으며 한 손에는 우산을 곱게 들고 다니는 모습이 인상 깊었다.

처음에는 그들이 비를 대하는 태도가 남달라서 그들을 멍하니 쳐다보았다. 시간이 지나 이러한 환경을 계속 지켜보고 적응하다 보니 그들의 모습이 좋게 보였고, 나도 그들과 함께했다. 굵은 비가 아니면 우산을 펼치지 않고 생활했다.

치앙마이 날씨는 나에게는 어려운 과제라서 고생했으나, 어느새 시간이 흘러 낯설었던 치앙마이 날씨에 익숙해졌다. 더욱더 적응을 잘할 때쯤 아쉽게도 치앙마이를 떠나야 했는데, 나에게 떠나지 말라고 표현하는 것인지 치앙마이 날씨는 점점 변하기 시작했다.

이전에는 해가 있는 낮에도 불지 않았던 선선한 바람이 조금씩 조금씩 불어오기 시작했다. 그러더니 내가 한국에 도착했을 때는 뜨거웠던 무더위가 점차 사라지고, 선선해진 치앙마이로 변했다는 소식을 치앙마이에 머무는 친구를 통해 들을 수 있었다. 그 소식을 듣는 순간 치앙마이 날씨에 서운함이 느껴졌다. 치앙마이 날씨와 사이좋을 때도 있었지만 가끔은 나를 따라다니며 힘들게 했었던 날씨였다. 그랬던 날씨가 내가 떠나려고 하고, 한국에 도착하니 살기 좋은 날씨로 변했다고 하여 서운함이 컸다.

어떤 이유로 날씨가 갑자기 변했는지는 잘 모르겠지만, 치앙마이에서 경험했던 날씨 덕분에 다양한 경험과 추억을 쌓았다. 내리는 비에 우산을 쓰지 않고 현지 사람들처럼 거리를 걸어보고, 더위를 먹어 조금 고생했지만 여러 가지 경험과 깨달음을 얻어서 좋았다.

마지막으로 직접 더위를 먹어보니, 더위가 생각보다 무서운 존재라는 것을 깨달았다. 남녀노소 상관없이 젊은 사람도 모두 다 열사병이나 더위 먹는 것에 부디 유의했으면 좋겠다.

처음 만난 베드버그

치앙마이에 와서 첫 번째로 묵었던 숙소에서 베드버그를 처음 만났다. 베드버그와 첫 만남은 간략하게 이렇다. 첫 숙소는 어느 게스트하우스였고, 배정받은 침대에서 머물다가 새벽에 일어나보니 이 친구를 만났다. 그리 반갑지 않은 만남이었다.

첫날에 알았으면 좋았겠지만, 5일째 되던 날, 침대를 바꾸고 나서 알았다. 청소는 어느 정도 되었으나 최근에 여자 방을 사용한 사람이 없었는지 먼지가 보였다. 정확한 이유는 모르겠으나, 첫 배정 받은 침대에서 자는 내내 간지러워서 깊은 잠을 잘 수가 없었다. 고심 끝에 침대 위치를 변경했는데, 그 침대에서 잠시 자고 일어났더니 생긴 일이었다.

그 당시 내가 더 당황했던 것은 바뀐 침대에서 일어나자마자 베드버그에 물린 부분과 베드버그가 있는 모습을 곧바로 확인하지 못했다. 이러한 일이 일어나기 전날, 야시장을 열심히 다녀와서 매우 피곤했기에 씻지도 못하고 꾸벅 졸다가 새벽 3시에 정신없는 상태로 씻고 돌아와 보니 확인할 수 있었다. '에구머니나!' 침대 시트에는 이 친구에게 물렸을 때 보이는 선명한 핏자국과 그 옆에는 조그마한 벌레들이 죽어있었다. 그 모습을 목격한 순간 몹시 놀라 약 5초 동안은 멍하니 서 있었다. 이러한 일이 처음 겪는 일뿐더러, 일정에 없는 일이라서 나의 모든 감각과 생각이 그 자리에 멈춰있었다.

동시에 땅이 꺼질 정도로 매우 속상했다. 숙소를 선택하기 전에 위치도 좋고 베드버그에 대한 이야기도 없었고 이곳이 생긴 지 얼마 안 되어 깨끗하다는 등등의 후기를 꼼꼼히 확인하고 왔는데, 이러한 일을 겪어서 슬펐다. 또한, 이 친구가 많기로 유명했던 어느 유럽을 장기간 다녀왔는데, 이러한 일 없이 멀쩡히 돌아왔었다. 그런데 이곳에서 만나게 되어 정말 뜻밖이었다.

넋이 나간 것도 잠시 얼른 정신을 차려야만 했다. 그 이유는 베드버그가 번식력이 뛰어나기 때문에 얼른 없애지 않으면 이곳저곳 범 잡을 수 없이 번식한다. 그래서 이성적으로 생각해야 했고, 누구보다 빠르게 움직여야 했다. 갖고 있던 모든 짐을 다 꺼내어 소독하고 아깝지만, 이 친구가 좋아할 만한 물건은 버려야 했다. 나머지 세탁할 수 있는 세탁물들은 따로 모아 깨끗이 세탁해야 했다.

이 사실을 숙소 직원분께 즉시 알려야 했으나, 숙소 프런트가 24시간이 아니었고, 오전 7시부터 열려서 곧바로 말할 수가 없었다. 하는 수 없이 날이 밝아오기를 기다리며 한숨도 못 자고 짐들을 꼼꼼히 소독했다.

드디어 기다렸던 오전 7시가 되어 숙소 프런트에 있는 여직원에게 이 사실을 알렸다. 번역기와 베드버그 사진까지 동원하여 열심히 설명했지만, 치앙마이에서는 흔치 않은 일이었기에 인식시키기가 대단히 어려웠다. 그녀는 정확히 어떤 것인지 이해하지 못했으나, 이른 아침부터 열변을 토한 내 모습에서 다급함과 위급함이 느껴졌는지 미안하다고 했다. 그 후 밖으로 뛰쳐나가 근처 약국에서 피부질환 연고를 사다 줬다. 그리고 내가 묵었던 방이 아닌 다른 방으로 변경해줬고, 매일 오전마다 침대 시트를 바꿔주는 방법으로 대처해줬다.

시간이 지난 후 이 상황을 돌이켜보니, 명석한 판단으로는 숙소에 계속 머물기보다는 미리 낸 숙박비를 돌려받아 그곳을 바로 떠났어야 했다. 하지만 그렇지 못했던 이유는 그녀의 진정성 있는 사과와 걱정해주는 모습이 보였고, 하루만 더 머물러 보자는 생각으로 남은 5일을 이곳에서 머물렀다.

천만다행하게도 새벽에 일어나 발견한 모습이 초기라서 큰 상처는 없었고, 바뀐 방과 침대에서는 별다른 문제가 없었다. 다만 한번 물렸던 트라우마가 있으니 나도 모르게 의식하게 되어 각 침대에 있는 조명을 켜둔 채로 자거나 이불을 제대로 덮지 못했고, 조그마한 검은색 먼지에도 쉽게 민감해졌다. 그리고 매일 오전마다 하는 규칙적인 습관이 생겼다. 자고 일어난 이불을 열심히 털었고, 조금이라도 의심되는 모든 물건을 뜨거운 햇볕에 소독했다. 마지막으로 코인세탁소에 찾아가 세탁을 하며 상쾌한 아침을 맞이했다.

베드버그를 만나고 나서 깨달은 부분이 있다. 치앙마이에 사는 현지 사람은 이 친구를 잘 모르는 듯했다. 이 친구에게 물려 여직원이 숙소에 도착하자마자 열변을 토했음에도 이해하지 못했던 것은 이상한 것이 아니라 당연한 일이었다.

이러한 일이 일어나고 오후쯤에 숙소 밖으로 나왔는데 숙소를 운영하시는 사장님을 만났고, 내 이야기를 들으셨는지 안부를 나에게 전했다. 그리고 나서는 순진한 표정으로 베드버그라는 벌레가 어떤 건지 내게 물어보셨다. 피가 났다고 하니까 "모기 같은 거예요?"라고 물어보셨다. 그래서 열심히 설명해드렸는데도 잘 모르셨다. 숙소를 운영하시는 사장님께서도 그에 대한 위험성이나 대처 방법을 잘 모르셨기에 치앙마이에 사는 현지인 대부분은 이 벌레를 잘 모를 수도 있겠다고 생각했다.

그리고 이 숙소에 바라는 점은 치앙마이가 좋은 관광지인 만큼 숙소에 찾아오는 사람들이 점차 많아질 것으로 예상이 된다. 여행에서 만날 수 있는 베드버그 존재를 먼저 정확히 알고, 미리 대비하여 어느 숙소보다 멋있는 곳이 되었으면 좋겠다.

비록 베드버그 때문에 힘들었으나, 난생처음 이 친구를 만나서 그 벌레를 열심히 관찰하고 공부했다. 덕분에 베드버그 외에 예전에 경험해보지 못했던 것들을 다양하게 접할 수 있었고, 치앙마이에서의 삶이 더욱더 부지런해졌다. 색다른 경험과 지식을 쌓을 수 있어서 나름, 의미 있는 시간이었다.

베드버그 주의점

1. 이 벌레는 빈대라 부르지만, 바퀴벌레보다 위험한 존재라고 생각한다.

2. '나무, 종이, 햇볕이 드문 곳, 습하고 어두운 구석진 곳'을 굉장히 좋아했다. 알을 까고 번식하는 장소는 '구석진 곳, 침대 매트리스나 침구류 가장자리와 모서리'에서 발견했다.

3. 유럽 배낭여행 할 때 자주 만날 수 있는 벌레이다. 하지만 치앙마이에서도 베드버그를 만났고, 치앙마이에 있는 또 다른 숙소에도 베드버그가 있다고 들었다. 그래서 치앙마이에서도 조심하는 것이 좋다.

4. 주변에서 듣기로는 베드버그는 10일 안에 번식되는 벌레였다. 발견된 장소를 모두 봉쇄하여 불로 태워 없애야 없어질 정도로 번식력과 생명력이 강하다고 했다.

5. 바퀴벌레보다 번식력이 강하여 제대로 소독하지 않으면 이리저리 잘 옮았다. 그래서 베드버그 발견 즉시 그곳을 곧바로 떠나야 했다. 베드버그가 있는 곳도 피해야 하는 것도 중요했으나, 베드버그에 물린 사람이 주변에 있다면 옮을 수도 있으니 조심해야 했다.

6. 발견 즉시, 온갖 소지품들을 뜨거운 햇볕이나 알코올로 소독해야 했다. 그리고 뜨거운 물과 바람으로 세탁을 철저히 해야 했다. (이들은 알코올과 뜨거운 것을 싫어했다)

7. 베드버그는 한 마리가 아니라 여러 마리가 한꺼번에 다가와 물기 때문에 온몸에 퍼진 두드러기처럼 상처가 생겼다. 그 상처가 생기면 잠을 이룰 수 없을 정도로 간지러웠다.

8. 물렸을 때 해독할 수 있는 치료제가 따로 없었다. 간지러움을 진정시켜줄 수 있는 약과 자연치유밖에 할 수 없으니, 미리 조심하고 또 조심했으면 좋겠다.

코인세탁소 입문기

베드버그를 만나고 나서 코인세탁소에 입문했다. 부모님과 함께 살았던 나는 평소에 코인세탁소를 방문할 일이 없었기에 이곳을 처음 방문했을 때는 모든 것이 새로웠다. 집에서 세탁기와 건조기를 돌려보아서 사용 방법은 알았으나, 이곳에 있는 기계 사용 방법은 무인이라서 돈도 알아서 입구에 넣어야 했고, 영어로 되어있어서 낯설었다.

다행히도 내가 방문했던 코인세탁소는 현지인뿐만 아니라 다른 나라 여행객들도 함께 사용할 수 있는 공간이라서, 사용 방법이 쉽게 설명되어 있었다. 이해하기 쉬운 단순한 그림과 간단한 영어로 된 사용 방법이 커다랗게 있었다. 아무것도 모르고 이곳을 방문했으나, 쉬운 설명 덕분에 수월하게 이용했다. 이렇듯 코인세탁소에서 첫 번째 세탁을 시작으로 타국에서 코인세탁소에 입문했다.

여러 번 코인세탁소를 다녀보니, 여러 가지 특징이 있었다. 코인세탁소

대부분은 24시간 운영하는 곳들이 많았다. 이곳에 가면 누구든지 쉽게, 다수가 이용할 수 있도록 수많은 세탁기와 건조기가 있어서 차례를 기다리지 않아도 빠르게 세탁이나 건조할 수 있었다. 그뿐만 아니라 세탁할 동안 앉아서 기다릴 수 있는 곳이 있었다. 그래서 코인세탁소에 갈 때면 간식거리를 사서 먹을 때도 있었고, 갖고 온 책도 읽으며 기다리기도 했다. 코인세탁소를 자주 방문했기에 이 공간은 내게 유용했다.

다만, 조금은 아쉬운 점이 있었다. 대부분 실내·외 구분할 것 없이 개방형 구조로 되어있었다. 답답하지 않고, 밖의 공기를 얼마든지 느낄 수 있어서 좋았으나, 개방된 공간이라서 에어컨이나 선풍기를 열심히 틀어놓아도 시원하지 않았다. 모든 부분이 완벽했으나 이 부분이 아쉬웠다.

이러한 형태를 가진 코인세탁소를 자주 이용하다 보니, 도움 없이도 세탁과 건조를 혼자서 척척 해냈다. 가끔은 누가 내 옆에서 기계 사용을 헤매거나 어려워하는 사람들이 보이면 도움을 주기도 했다.

누구를 도와줄 정도로 코인세탁소와 친해졌을 때쯤 영화 한 편에 나올 법한 독특한 코인세탁소를 찾았다. 이곳은 코인세탁소 겸 분위기 있는 카페였다. 세탁을 세탁기에 돌려놓고 커피나 차 한잔을 마시며 여유롭게 시간을 보낼 수 있었다. 참신한 장소였다.

또한, 이곳에 여유로웠던 반면에 흥미로운 일이 있었다. 이곳에서 커피 한 잔을 주문하고 세탁을 했다. 어느 정도 시간이 지난 후, 축축해진 세탁물을 건조기에 넣고 다시 여유를 즐겼다. 건조기를 돌린 지 한 20분 정도가 되었을 때 건조가 다 끝났다며, 기계에서 "삐- 삐- 삐-"소리가 났다. 보통은 한 시간 반 정도 기다려야 건조가 잘 되는데, 이곳에 있는 건조기는 너무 빨라서 당시에 남다르다고 생각했다. 기쁜 마음에 건조기가 있는 곳으로 달려 나갔고, 세탁물을 꺼내어 만져보았더니, 세탁기에서 금방 세탁을 마친 것처럼 아주 축축했다.

당황한 나는 건조기 앞에서 잠시 머뭇거리다가, 카페 안에 있는 직원분께 여쭤보았다. 친절했던 그는 바로 대처를 해주셨으나, 기계가 이상한지 여러 번 건조해도 젖은 세탁물은 그대로였다. 그래서 그에게 자주 요청했고, 결국 예상한 시간보다 40분 정도가 더 지나서야 보송보송하게 마른 세탁물을 만날 수 있었다. 경험해본 여러 코인세탁소 중 건조를 시켜도 세탁물이 계속 마르지 않아 당황했던 곳이었으나, 태연하게 대처해주시던 직원분을 만났고, 맛있는 커피도 맛봐서 기억에 남는다.

낯선 타국에서 코인세탁소를 처음 접했는데, 혼자 힘으로 해내서 뿌듯했고 다양한 형태의 코인세탁소를 경험하여 좋았다. 언젠가 독립하게 되거나, 여행 중 코인세탁소를 이용하게 된다면, 이러한 경험을 되살려서 혼자서도 능숙하게 활용해야겠다.

감기에 걸려 아프다

더운 날에 혼자서만 독한 감기에 걸렸다. 걸릴 수밖에 없었던 다양한 이유가 있다. 그 첫 번째 이유는 첫 숙소가 조금 습하여 최대한 습하지 않게 항상 에어컨을 틀어서 항상 추웠다. 두 번째는 침대나 침대 시트가 이상했는지 잠을 이루는 동안 온몸이 간지러워서 이불을 제대로 덮지 못했다. 세 번째는 베드버그 만남으로 인해 몸도 마음도 민감하여 잠을 제대로 이루지 못했다. 그래서 결국 감기가 제대로 걸렸다. 무엇보다 감기에 걸려서 울컥했던 건, 내가 이곳에 도착한 지 일주일도 되지 않았고, 무더운 날씨였음에도 감기는 나와 약 2주에서 3주 동안 동행했다. 그래서 감기와 함께하는 것이 더 힘들었다.

나에게 있어서 감기란? 독감이 유행해도 거의 걸리지 않을 정도로 건강했고, 만약 감기에 걸렸다 하더라도 그저 스쳐 지나가는 나그네와 같았는데, 이곳에서 걸린 감기는 그렇지 않았다. 쉽게 지나치지 않았다. 오랜만에 겪는 감기라서 그런지 '죽을 둥 살 둥'하며 감기와 씨름하며 지냈다. 또한. 숙소에 관한 스트레스도 있었기에 이에 따른 아픔도 두 배로 느껴졌다.

이대로 감기와 동행할 수 없었기에 벗어나려고 꾸준히 노력했다. 아프기 전에는 되도록 차가운 것을 찾아서 먹었는데, 아프고 나서는 주로 뜨끈뜨끈한 국물 음식과 음료 등을 찾아 허기를 채웠다. 식후에는 한국에서 가져온 약을 꼬박꼬박 챙겨 먹었으며, 건조하고 추운 장소보다는 조금은 덥지만, 볕이 좋은 곳에서 쉬었다.

다행히도 이런 것들을 반복하고 감기에 좋은 것들을 실천하다 보니, 거의 다 나아갔다. 계속 먹었던 감기약이 다 떨어져서 현지인이 운영하는 약국에 방문했다. 이곳에서 처방받은 감기약을 하나를 먹었는데, 이전에 감기 걸리지 않은 사람처럼 곧바로 나았다. 정말 신기했다.

현지인 약사가 처방해준 약이 정말 좋았는지 '내가 언제 감기 걸렸었지?'라고 의문이 들었을 만큼 감기가 뚝 떨어져서 기뻤다. 그 마지막 약을 통해서 다시 건강해진 모습으로 돌아왔다.

그동안 함께 했던 감기는 그야말로 '적과 동침'이었는데, 그래도 더 심하게 악화하지 않아서 다행이었다. 무엇보다 여행이 끝나가기 전에 아픔이 호전되어 좋았다. 이 경험을 통해 낯선 곳에서 아프면 얼마나 고단한지 온몸으로 체감할 수 있었고, 혼자 아팠을 때 아픔을 이겨 내는 일이 힘들다는 것을 알 수 있었다. 그래서 어딜 가든지 항상 '건강'을 최우선으로 생각하고 있고, 마음도 몸도 아프지 않도록 노력하고 있다.

따뜻한 우리 동네 1

생과일주스 여사장님과 어느 편의점 직원들

10일 동안 머물기로 한 동네가 규모가 큰 동네였으나 방문하는 곳마다 따뜻한 정을 많이 나눠줬다. 이러한 따뜻함을 느낄 수 있었던 것은 여행 전에 적어둔 여러 버킷리스트 목록 중 '내가 머무는 동네 정복하기'와 '단골 가게 만들기'가 있었다. 이것을 실천하기 위해 동네 주변을 열심히 돌아다녔더니, 동네의 온정을 체감할 수 있었다. 여러 곳이 있었는데, 그중 기억에 남았던 곳을 하나씩 이야기해보려 한다.

첫 번째는 숙소 앞에는 광활한 광장이 있었다. 매일 오후 4시 30분만 되면 조그마한 야시장이 열렸다. 이곳에는 여러 음식과 상인들이 있었으나, 생과일주스를 맛있게 만들어 주시는 여 사장님을 좋아했다.

그 사장님을 만나게 된 계기는 치앙마이에 온 지 2일째 되던 날 저녁을 먹으러 밖을 나왔는데, 그날따라 유독 생과일주스를 판매하는 노점이 돋

보였다. 그 이유는 내가 생과일주스를 좋아하기도 하고, 다른 곳은 그렇지 않은데 생과일주스를 판매하는 곳만 기다란 줄이 있었다.

그곳이 궁금해서 찾아갔다. 사람들과 함께 기다리는 동안 그곳을 관찰해보니, 조금은 연세가 있어 보이는 사장님께서 혼자 생과일주스를 만드시고 계산도 하셨다.

첫 방문 때는 어떻게 주문해야 하는지 아무것도 몰랐다. 단지 나열된 여러 과일 중 한 가지만 고르는 줄 알고, 제일 좋아하는 망고를 선택했다. 그래서 망고를 가리키며 "One mango."라고 말했더니, 사장님께서는 알아들을 수 없는 태국어로 딸라따딸쌀라라라"라고 이야기하셨다. 나는 그녀가 무슨 말을 하는지 전혀 몰랐기에 그녀의 얼굴만 가만히 바라보고 있었다. 사장님께서는 이러한 내 모습을 보며 씨-익 웃으시더니, 망고와 섞어 먹으면 맛있는 과일 직접 골라 믹서기에 갈아주셨다.

즉석에서 만드신 주스를 길고 커다란 플라스틱 컵에 듬뿍 담아주셨는데, 그 맛은 환상적이었다. 생과일주스를 좋아해서 여러 생과일주스를 먹었지만, 이렇게 맛이 깊고 새콤달콤했던 주스는 처음이었다.

생과일주스가 맛있어서 그곳을 자주 방문했다. 끊임없이 찾아오는 손님들로 바쁘고, 나와 멀리 떨어져 있을 때도 사장님께서는 나와 눈을 마주치며 따뜻하게 맞아주셨다. 가끔 내가 과일을 하나만 고르고 "섞이면 맛있는 과일과 함께 만들어 주세요~"라고 요청하면, 매번 찰떡궁합인 과일을 골라 정성스럽게 만들어 주셨다. 지금도 그곳에서만 맛볼 수 있었던 환상적인 생과일주스와 사장님의 따뜻한 미소를 잊지 못하고 있다.

두 번째는 생필품과 그 외 간단한 먹을거리 등을 사러 방문했던 곳에서 그들을 만났다. 그곳은 숙소 근처에 있는 조그마한 편의점이었고, 젊은 20

대 친구들이나 교복 입은 학생들이 그곳에 있었다.

그 편의점 바로 옆에 커다란 마트가 있었는데, 그곳보다는 편의점이 더 저렴할 때가 있어서 편의점을 자주 방문했다. 그래서였는지 편의점에 있었던 직원들은 환하게 인사해주었고, 바빠 보여도 '또 만나서 반가워요~'라는 표정으로 반겨줬다. 그리고 물건을 사는 일 외에도 급하게 잔돈을 바꾸거나 부탁할 일이 있을 때도 흔쾌히 승낙해주었다.

내가 아는 편의점 모습은 차갑게 느껴져서 이곳도 비슷할 거 같았는데, 먼저 반겨주고 따뜻하게 대해줘서 좋았다. 되도록 물건을 구매할 때 다른 상점을 방문하기보다는 그들과 함께하는 소통을 위해 편의점을 애용했다.

위에 이야기했던 분들도 굉장히 따뜻했으나, 이외에도 내가 생활했던 동네에는 따뜻한 마음씨를 가진 현지 사람들이 많았다. 그렇게 느꼈던 이유는 나의 일상생활 속이 각박하고 차가운 부분이 많았기에 마음 거리 두기를 해야 했다. 그러나 이곳은 별다른 조건 없이 처음 만난 내게 따뜻한 정을 나눠줬고, 이 동네에서 받았던 따뜻함 덕분에 가슴이 벅찼다. 혼자 여행 왔으나, 외롭지 않고 항상 즐거웠다.

어느 동네보다 오랫동안 머물렀던 동네라서 그런지 정이 많이 들었던 동네이다. 이곳이 가끔은 생각나고 그리울 때가 있다.

따뜻한 우리 동네 2
어느 친절한 음식점에서

다음은 친절했던 어느 음식점이다. 동네 주변에는 다양한 음식점들이
있었다. 그중 현지 음식을 판매하는 어느 음식점에서 경험했던 일이다. 이
곳에 도착한 지 언 하루가 지나, 한참 무더운 시간에 점심을 먹으러 나갔
다. 미리 찾아놓은 유명한 식당을 갔지만, 이곳에서 먹으려면 덥고 습한
온도에 줄을 서서 기다려야만 했다. 그리고 사람들로 가득 찬 좁은 공간에
서 불편한 자세로 음식을 먹어야 할 분위기라서 그곳을 얼른 빠져나왔다.

한 끼도 못 먹은 굶주린 배를 안고 주변을 둘러보던 중, 가게 문 앞에서
한 여직원이 생글생글 웃으며 손님을 불러모으고 있었다. 이곳은 그녀의
모습이 제일 눈에 띄었고, 다른 음식점들보다 컸던 대형 선풍기부터 다양
한 크기의 선풍기들이 보였다. 일단 음식 맛보다는 더위를 피하려는 마음
에 무작정 그곳으로 들어갔다.

아무 계획 없이 무심코 들어갔던 식당이었음에도 모든 것이 좋았다. 이곳은 다양한 현지식 음식을 판매했고, 음식 맛도 훌륭했다. 나에게 있어서 음식 맛도 중요했지만, 무엇보다 직원들의 따뜻한 태도가 더 인상 깊었다.

다양한 이유가 있었는데, 그중 첫 번째는 굉장히 친절하고, 섬세했다. 이곳에 들어오자마자 직원들은 해맑은 미소로 반겨주셨고, 그날따라 너무 더워서 선풍기 바람이 제일 센 곳에 앉아 더위를 식히고 있었다. 계산대를 묵묵히 지키고 계셨던 사장님께서는 내가 상당히 더워한다는 것을 아셨는지, 나에게 따로 이동식 선풍기를 설치해 주셨다.

두 번째는 전에도 방문한 것처럼 친근했다. 그날 방문한 음식점이 처음이었는데, 사장님께서는 먼저 내게 다가와 인사를 건네셨다. "Hi~"를 시작으로 "어느 나라에서 왔나요? 여행은 혼자 왔나요? 며칠 동안 여행하니? 근교 어디 갈 건가요?" 등등 나에게 많은 질문과 재밌는 이야기를 해주셔서 주문한 음식이 나오기 전까지 심심하지 않았다. 그리고 주문한 음식이 나왔을 때도 어떻게 하면 더 맛있게 먹을 수 있는지 자세한 방법도 알려주셨다.

식사가 다 끝나갈 때쯤에 사장님께서는 "이제 다음 여행지는 어딘가요?"라고 물어보셨는데, 그때는 아무 생각이 없었기에 "잘 모르겠네요. 계획이 없어요"라고 말씀을 드렸다. 그런데 갑자기 사장님께서는 "나가지 말고 여기서 기다려요~"라고 말씀을 하시더니, 식당 밖으로 뛰어나가셨다. 영문도 모른 채 그를 기다리고 있었는데, 올드타운 동네를 한 번에 들여다볼 수 있는 종이지도를 어디선가 가져다주셨다. 그리고 지도를 보면서 어디가 좋은지, 무엇을 구경할 수 있는지, 식당 위치에서 어떻게 가야 하는지 등 세세하게 설명해주셨다.

그때 말로 다 표현을 못 했지만, 이곳에 계셨던 사장님과 직원분들께 진심으로 감사했다. 그들 덕분에 혼자 왔는데도 즐거웠고, 음식을 더욱더 맛있고 편하게 먹었다. 그뿐만 아니라 길도 잃지 않았고, 알려주신 여행 정보대로 다녀보니 굉장히 유익했다.

첫 방문 이후로도 맛있는 음식과 따뜻한 그분들을 만나기 위해 다시 방문했다. 그런데 단번에 날 알아보시고는 "또 방문하셨네요? 다시 만나서 반가워요!"라며 정겹게 맞아주셨다. 내가 생각했을 때는 이 식당 위치가 번화가에 가까운 곳이라서, 많은 사람이 찾아오니까 당연히 못 알아볼 줄 알았는데, 먼저 알아 봐주셔서 감사했고, 굉장히 기뻤다.

또한, 동네 근처에 워낙 먹을 것이 많아서 자주 찾아가진 못했지만, 식당 근처를 지나가기만 해도 이곳에 있었던 직원분들은 언제나 반갑게 인사해주셨다. 그분들이 이처럼 나를 잊지 않고 한결같이 맞아주시니 이 동네에서 오래 머무른 주민이 된 듯했다.

이곳에서 먹었던 음식이 치앙마이에서 첫 식사라서 생각나는 곳이기도 하나, 이곳에 계시는 분들이 굉장히 따뜻했기에 좋은 추억으로 남아있다.

따뜻한 우리 동네 3
태국 마사지 병원에서 만난 그녀

다음은 태국 전통마사지를 받은 병원에서 그녀를 만났다. 그곳에 계시는 직원분들은 한결같이 친절했지만, 그중 나와 대화를 제일 많이 하고, 인상 깊었던 직원 한 분이 계셨다.

그녀를 만나게 된 계기는 태국 마사지를 좋아해서 이곳저곳 탐색하던 중에 이곳을 방문했다. 이곳은 예약제라서 간단하게 상담하고 예약해야겠다는 마음으로 이곳을 찾아갔는데, 그녀를 만났다.

그녀와 처음 만난 날은 특이했던 거 같다. 그 이유는 마사지를 잘해주셔서 자주 방문했던 병원으로 이곳을 찾아갈 때마다 항상 사람들이 많아 번잡했고, 바쁘게 보였다. 그러나 그날은 달랐다. 병원에 처음 갔을 때 널찍한 공간에는 아무도 없었고, 고요했다. 그리고 정 가운데에 보이는 테이블에는 똑 단발머리를 한 여자 직원이 정자세로 앉아 나를 반겨주었다. 그녀는 내가 들어오자마자 상냥하면서도 높은음의 목소리로 밝게 인사했다. 그날따라 병원이 조용해서, 그녀의 목소리가 더욱더 쩌렁쩌렁하게 들렸다.

그녀가 앉아 있는 곳에 앉아 예약만 하고, 곧바로 그곳을 떠나려고 했는데, 그녀의 언변에 매혹되어 상당히 오랜 시간 앉아 있었다. 예약하는 내내 어느 나라에서 왔는지, 혼자 왔는지, 며칠 동안 여행하러 왔는지, 여행할 곳은 정해졌는지 등등 다양하게 물어보셨고, 이에 따라 주변 어느 음식점이 좋은지, 근교 어디가 좋은지, 치앙마이 문화 특징, 기본적인 태국어 등 다양하고 좋은 정보를 공유해주셨다. 이런 여행 이야기 외에도 내 이름을 적어야 할 곳이 있었는데, 빨간색 펜으로 써도 되는지 아닌지에 대한 여러 나라 이야기부터 또 다른 소소한 이야기들도 함께 나눴다.

그리고 그녀는 한국어에 관심이 많았다. 배움에 있어서 열정적이었던 그녀는 병원에 점점 한국인들이 많이 찾아온다며, 한국에서 주로 사용하는 인사말을 가르쳐 달라고 부탁했다. 그래서 가장 기본적인 "안녕하세요"라는 말부터 "안녕히 가세요, 반갑습니다, 행복하세요, 잘 가요, 또 오세요" 등 이곳에서 사용하면 좋은 인사말들을 알려드렸다.

그녀는 학구열은 대단했다. 내가 그녀에게 알려준 것을 바로 습득한 후에는 이렇게 발음하는 것이 맞냐며 내 앞에서 열심히 연습했다. 이처럼 열심히 노력하는 그녀의 모습에 나는 말로 표현할 수 없을 만큼 뿌듯했고, 그녀가 멋있었다.

그녀와 흥미로웠던 첫 만남 후, 다음 날 아침 마사지를 받으러 병원에 갔다. 전날과는 다르게 사람들이 바글바글했고, 쾌활했던 그녀의 모습과는 다르게 차분한 모습으로 업무를 보고 있었다. 바빠 보이는 그녀를 방해하고 싶지 않았기에 조용히 마사지 받으러 갔고, 집에 갈 때도 마찬가지로 조용히 나가려고 했다. 그녀는 사람들 틈에 조용히 문밖으로 나가려는 내 모습을 보았는지, 그녀의 어설픈 발음으로 "믿음, 또 오세요~"라며 인사해주었다. 처음에는 당황해서 급하게 인사하고 나왔으나, 전날 알려준 내 이름을 기억하고 한국어로 인사하는 모습에 기분이 굉장히 좋았다. 그래서 나에게 관심 가져주고 잘해준 그녀에게 무언가 보답해주고 싶었다. 병원을 방문할 때마다 그녀에게 먼저 다가가서 인사를 하고 그녀의 이름을 다정하게 불러주었다.

그녀와 함께했던 시간 모두 즐겁고 뜻깊었으나, 그녀가 내 이름을 특별히 기억하고 열심히 배운 한국어로 인사를 했던 부분이 나에게는 큰 감동이었다. 낯선 타국에서 겪은 일이라서 감동은 2배였다.

이곳에서 계시는 직원분들 모두 좋았지만, 특별히 그녀가 더 좋았다. 똑 단발머리를 한 그녀, 청아한 목소리를 가진 그녀, 밝은 에너지를 항상 발산하는 그녀 덕분에 이곳을 방문하는 동안 굉장히 행복했다.

그래서였는지 똑 단발머리와 마사지와 관련된 것을 보거나 접할 때면, 그녀가 제일 먼저 떠오른다.

벌레와 친해지기

　치앙마이에서 생활할 때 다른 것은 적응하기 쉬웠는데, 무수한 벌레들과 함께 하는 것은 어려웠다. 이곳을 방문하기 전에 치앙마이를 공부했었는데, 이곳은 분지처럼 온통 초록색 숲으로 둘러싸여 있는 곳으로 아름다운 광경을 자랑한다고 했다. 이 뜻을 제대로 인식하지 못하고 실제로 겪어 보니 외국에서 온 나에게는 생각보다 예사롭지 않았다.

　종류와 상관없이 다양한 벌레들이 내게 왔다. 하나를 피하면 어디선가 또 나타나 내 옆에 있었고, 또 피하면 또 다른 벌레가 또 나타났다. 끊임없이 반복하는 도돌이표처럼 이들은 나를 계속 쫓아다녔다. 그리고 한번 물리기 시작하면 두세 군데는 기본으로 물렸고, 물린 상처가 계속 간지러워서 고생했다.

　간지러운 고통을 참다못해 벌레를 피하려고 애를 썼다. 다양한 방법으로 벌레를 피했는데, 그중 재미있었던 사례가 있다. 그 사례는 벌레들이 나에게 다가오는 것을 피하고자 조금이라도 느낌이 이상하다 싶으면, 어떤 장소든지 두 손과 머리를 함께 흔들며 이리저리 뛰어다녔다. 누군가가 멀리서 나의 그런 모습을 보았다면, 마치 매우 신이 나서 여기저기 방방 뛰어다니는 강아지 모습처럼 보였을 거 같다. 내가 생각해도 재밌는 장면이라서 아직도 생생히 기억난다.

이리저리 뛰어다니면서 이 수많은 벌레를 피할 수 없었기에 어느 곳을 가든지 기피제와 같은 약을 갖고 다녔다. 이동하는 곳마다 이들이 나를 항상 반겨주었기에 없어서는 안 될 필수품이었다. 이러한 약들을 갖고 다니면 안심되었고, 나에게 큰 도움이 되었다.

이곳에 있는 벌레들 때문에 몸과 마음이 힘들어서 이들을 보이기만 해도 민감해졌다. 그래서 야단법석을 떨며 돌아다녔는데, 그 반대로 그곳에 머무는 현지인들은 무덤덤했다. '아_주, 평_온' 그 자체였다. 사람들 곁에 크고 작은 벌레들이 있어도 해치지 않고 방치를 하거나, 초록빛 풀이 있는 곳으로 이들을 보내주었다. 그런 모습을 볼 때마다 당황스러웠고, 그들과 상반된 모습으로 행동했던 것들이 다소 폭력적으로 느껴져 부끄러웠다.

그 이후부터는 벌레가 나에게 다가올 때마다 조심스러웠다. 완벽하게 적응하지는 못했으나, 이곳에서 특별히 경험할 수 있는 환경이라 생각했고, 주변에 있던 이들을 조금은 수용할 수 있었다. 하지만 이것을 이해하기까지는 많은 시간이 걸렸다. 음식들 옆에 있던 이들의 모습이었다. 그 사례를 조금 더 상세하게 이야기해보려고 한다.

식사하러 여러 음식점을 갔었는데, 그중 호텔에 있는 유명한 뷔페에서 밥을 먹었다. 뷔페형 식당이라서 여러 가지 음식이 나열되어있었다. 음식

바로 옆 벽에서는 벽지 사이로 작은 개미들이 여럿이 모여있었다. 그 상황이 익숙하지 않아서 그곳을 보는 순간, 바로 자리를 떠났는데, 나를 제외하고 다른 사람들은 아무렇지도 않다는 듯 그곳에 머물러 음식을 가져가 먹는 모습을 보았다.

그리고 어느 국숫집을 갔을 때도 비슷한 일이 있었다. 따뜻한 국수와 함께 나온 양념 통에서도 만났다. 국수를 처음 먹었을 때는 몰랐는데, 맛있는 냄새를 맡았는지 작은 개미들이 밖으로 나와 눈이 마주쳤다. 그 당시에 매우 놀라서 당황했는데, 함께 앉아서 식사했던 사람들은 음식을 즐기고 있었다.

이처럼 익숙하지 않은 환경은 배고팠던 나의 식욕을 잠재웠다. 내가 많이 놀랐던 장면들은 치앙마이 사람들에게는 자연스러운 상황이었고, 나는 그들의 태도가 신기했다. 실제로 이런 환경에서 살아오지를 않았기 때문에 음식 주변이나 내 주변에 나타나는 이들 모습을 보고, 매 순간 깜짝 놀랐다.

만약, 이러한 환경이 한국에 있는 음식점에 있었다면, 아마도 심각했을 거 같다. 위생 상태가 나쁘기에 손님이 줄어들거나, 최악의 상황은 가게 문까지 닫게 되는 상황이 벌어지는데 현지 사람들은 정반대의 모습을 취했다.

어떤 상황에서도 그들 주변을 맴돌아도 너그럽게 대해주었다. 만약 이들이 있었어도 놀라지도 않았고, 살포시 잡아서 다른 곳으로 풀어주거나 이들이 어디서든 자유롭게 돌아다닐 수 있게 해주었다.

그들이 벌레들에게 너그럽게 해준 이유는 아마도 한국과 사뭇 다른 문화를 가졌기 때문이라고 생각된다. 이곳은 불교문화가 잠재되어 있기에 다양한 벌레를 보거나 물려도 나오는 정반대로 차분했다.

그런 그들을 보면서 잠재된 문화와 벌레에 대한 태도를 존중했고, 그들과 다른 내 모습을 성찰했다. 여러 차례 생각하고 경험하면서 이들과 이른 시일 안에 친해지고 싶었지만, 어려웠다.

생각보다 어려웠지만 좌절하지 않고, 계속해서 이들과 함께 생활하고 노력했다. 또한, 이들과 함께 생활하는 과정에서 단순히 벌레가 아니라, 아주 작은 또 하나의 생명체로 느껴졌다. 나에게 다가와도 조금은 괜찮았고, 곧바로 행동하기보단 이들이 다치지 않도록 생각한 후에 대처할 방법을 찾았다. 그렇게 하나씩 하나씩 행동하고 생각하다 보니, 치앙마이 문화와 그들의 너그러운 마음이 어떤 것인지를 이해할 수 있었다.

처음 가졌던 마음과 달리, 한 달 살기가 끝날 때쯤에는 벌레를 대하는 태도가 달라졌다. 아직은 수련이 덜 되어 부족하지만, 마음에 여유도 생겼고 조금은 너그러워졌다. 이 기세를 이어 한국에 돌아가서도 따뜻한 마음으로 이들을 대하다 보면, 현지 사람들과 같은 경지에 도달할 것만 같았다. 더욱더 성장할 나를 위해서 이를 꾸준히 노력해야겠다.

한 달 살기를 하기엔, '유심칩'이지

　난 유심칩으로 한 달 살기를 했다. 사업차로 이곳을 왔다면 전화도 많이 하여 한국 통신사 로밍을 신청하여 이곳을 왔을 텐데, 그런 목적이 아닌, 여행하러 왔기 때문에 전화와 메시지를 통한 연락보단. 데이터 위주로 사용이 가능한 유심칩을 선택했다. 미리 한국에서 갖고 온 유심칩 열심히 사용하고 있었는데, 안타깝게도 여행용 유심칩에는 유통기한이 있어 8일째 되는 날 수명을 다했다. 아직도 많이 남은 한 달 살기를 편하게 생활하기 위해, 새 유심칩을 사야 했다.

　해외여행을 다닐 때 처음에는 유심칩에 대한 큰 중요성을 느끼지 못했다. 그래서 과거에 여행사 패키지로 아는 지인과 해외여행을 다녀왔었는데, 그 나라의 와이파이존만 믿고 로밍, 유심칩 등 아무것도 신청하지 않고 가서 고생을 많이 했었다. 가는 곳곳마다 와이파이가 제대로 잡히지 않아서 답답해했었기에 그 일을 겪고 나서는 이젠 웬만하면 데이터를 사용할 수 있는 것들을 찾아보고, 상황에 맞게 신청했다. 아마 그 경험이 없었다면, 이곳 치앙마이에서 온갖 고생을 많이 했을 거 같다.

그래서 이번엔 유심칩을 한국에서부터 준비했다. 8일 동안 사용했을 때, 별다른 이상 없이 유용하여 이전과 같은 통신사 유심칩을 구매하기 위해 그곳을 찾아갔다.

직접 찾아가 보니, 치앙마이에서 만났던 통신사들은 한국과 비슷한 모습이었다. 사람들이 함께 모여 사는 곳, 번화가 쪽이라면 여러 통신사를 찾을 수 있었다. 그곳을 찾는 사람들은 현지 사람도 있었지만, 내가 방문했을 때만 해도 나와 같은 외국인들이 많았다. 그래서 직원분들 모두 영어 회화 가능했고, 따로 물어보지 않아도 친절하게 안내해줘서 유심칩 설치가 수월했다.

그 당시에 나는 치앙마이 서비스 직종에 대한 모습을 생각했을 때, 그곳 일상이 조금은 느리며 여유 있는 삶이라서 당연히 서비스 부분도 느긋하게 기다려야만 결과를 확인할 수 있다고 생각했었는데, 굉장히 신속했다. 그래서 그곳에서 받았던 서비스들은 매우 인상적이었고, 한국에서 받는 서비스와 비슷한 부분이 많아 신기해했었다.

이처럼 구매하기 쉬운 유심칩은 낯설었던 여행지에서 많은 도움을 주었다. 만약 유심칩이 없었더라면, 평소에 당연하게 생각했었던 일들을 해내지 못했을 거 같다. 한국에서는 어느 곳을 가든지 와이파이가 잘 되어있어서 큰 의미를 두지 않았지만, 해외여행을 떠날 때는 무엇보다, 소중하고 귀중한 것임을 깨닫게 해주었다.

"고맙다. 유심칩아!!"

치앙마이에서 유용했던 앱

치앙마이에서 아주 유용하게 사용했던 앱이 있다. 이 앱 덕분에 낯선 타지 생활이 편리했고, 나와 같은 여행객들에게도 유명했다.

한국에서 사용하는 대중교통과 배달하는 앱과 비슷했다. 조금씩 다른 점도 보였으나, 다행히도 커다란 이질감은 없었다. 앱 안에는 여러 종류가 있었다. '그랩 카, 그랩 택시, 그랩 바이크, 그랩 오더' 등 이외에도 다양한 서비스가 있어, 여러 나라 여행객들이 조금 더 수월하게 이용할 수 있었다. 그중 주로 이용했던 서비스와 경험했던 일들을 이야기해보려고 한다.

다양한 서비스 중 제일 많이 이용했던 것은 '그랩 카'이다. 그랩 카 기사님은 자신의 자가용을 앱에 등록하여 고객들이 택시처럼 사용할 수 있는 서비스였다. 그랩 택시와 일반 택시도 있었지만, 이 교통이 더 좋았던 부분은 택시보다 저렴했고, 택시와는 다르게 출발 전에 미리 정해진 요금이

측정되었기에 안심도 되고 편했다.

그리고 이 교통이 더욱더 유용했던 이유는 각 제휴된 장소의 할인 코드만 알면 저렴한 요금으로 이동할 수 있었다. 장소마다 할인 코드 정보를 정확히 알고 앱에 등록만 한다면 정해진 금액에서 최대 30~80% 할인받을 수 있었다. 이 교통을 사용할 때마다 다양한 할인 코드를 이용하여 교통비 예산을 더욱더 절감했다.

숙소에서 만난 외국인 친구나 베드버그 덕분에 친해진 한국인 언니와 함께 할인 코드를 사용해 이 교통을 이용했다. 약 11분~20분 정도 되는 편도 거리를 그 당시 한국 원화로 약 730~1,100원 정도를 내고 이동했었다. 굉장히 저렴한 요금이었다. 위와 같이 그랩 카는 택시보다 저렴하고 택시를 탄 것처럼 편하게 이동하는 데 할인까지도 받을 수 있어서 좋은 서비스라고 생각했다.

여러 서비스 중 가장 최근에 만들어진 듯한 '그랩 오더'와 '그랩 바이크'이다. 먼저, '그랩 오더'는 내게 신선했다. 그 이유는 한국에 있는 것과 비슷해서 놀랐다. 이 서비스도 배달비를 따로 받고 맛있는 음식을 빠르게 배달해주는 형식이었다.

날씨가 좋지 않을 때나 밖에 나가기 싫을 땐, 때때로 게스트하우스에서 머무는 사람들과 함께 그랩 오더로 주문했던 경험이 있다. 그랩 오더는 생각보다 배달이 빨랐고, 대부분 선결제로 편리했다. 첫 배달 주문을 했을 때는 빠름을 추구하는 한국 배달 속도와 비슷해서 굉장히 놀랐고, 갓 주문한 음식처럼 따뜻하게 먹을 수 있어서 좋았다.

다음은 '그랩 바이크'이다. 이것 또한, 택시와 같이 한 번도 이용하지 않았으나 간접적으로 경험했던 부분이 있다. 그랩 바이크가 생기고 나서부터는 사람들이 자주 이용하는 대중적인 교통인 듯했다. 보통 앱으로도 예약하여 탑승할 수 있었지만, 예약하지 않아도 길에서 기사님을 쉽게 만날 수 있었다. 길에 서 있으면 성태우나 툭툭이 기사님이 먼저 다가와 어디 가는지 물어보거나 흥정하는 것처럼 오토바이크를 운전하는 기사님도 어디선가 나타나 내게 다가오셨다. 치앙마이에서 그랩 바이크 기사님을 여러 번 만나 흥정을 한 경험이 있어서 그랩 바이크를 찾는 사람들이 꽤 많다는 것을 느꼈다.

그 외 간접경험을 통해 느꼈던 그랩 바이크의 장점은 다른 교통수단보다 빠르게 이동할 수도 있었고, 오토바이크를 운전하시는 기사님들이 상당히 많았다. 도착할 위치가 어디든지 흥정만 잘하면 그랩 카 또는 택시보다 더 저렴했다. 그리고 다른 교통수단과 비교했을 때 혼자 이동할 때 사용하면 좋은 교통이라고 생각되었다. 다음에 치앙마이에 방문한다면, '역동적인 그랩 바이크'를 꼭 한번 도전해봐야겠다.

이 앱은 다방면으로 훌륭했고, 어디서든 간편하게 사용하기 좋았다. 좋은 점들도 매우 많았으나, 조금은 아쉬운 점이 있었다. 치앙마이에는 대중교통과 배달 매체가 다양했고, 상황에 따라 변수가 있어서 가끔 가성비가 조금 떨어진다는 느낌이 들었다.

첫 번째는 한 달 살기를 하면서 상황에 따라 다양한 대중교통을 이용했다. 같은 거리임에도 더 저렴한 대중교통이 있어서 앱을 사용한 교통이 조금 더 비싸다는 것을 알았다. 현지인과 함께 이용하는 대중교통과 그 외 저렴한 대중교통의 비용은 보통 편도 15~30바트 정도였다. (상황에 따라 조금은 다르다. 조금 더 편하고 안전하게 이동하고 싶을 때나 무거운 짐으로 이동하기 어려울 때, 여러 명이 모여 함께 움직일 때 등 이러한 사례일

때는 그랩 카를 이용하는 것이 좋다)

두 번째는 큰 도로가 아닌 찾기 어려운 길을 갈 때, 갑자기 비가 많이 내릴 때, 차가 막히는 시간일 때에는 가격대가 급격하게 상승하거나, 승인되었던 설정들이 간혹 취소되는 일도 있었다. 그중 비가 많이 내렸을 때 변수가 많았다. 갑자기 소나기가 내려서 앱으로 차를 불렀는데, 아무도 오지도 않고 너무나 비싼 값을 요구하셔서 비를 홀딱 맞고 숙소에 돌아갔던 경험이 있다. 그리고 어떤 날은 숙소에 있었는데 비가 많이 내렸다. 밖에 나기도 그래서 숙소에 있는 사람들이랑 여러 음식을 주문해서 함께 나눠 먹으려고 했는데, 주문한 4곳 다 갑자기 취소되는 일이 있었다. 앞서 이야기했던 경험처럼 상황에 따라 절대적이기보다는 상대적인 부분들이 있어다소 아쉬웠다.

앱에서 아주 대표적인 것들만 사용했다. 영어로 되어있는 앱이라서 제일 간단하고, 가성비 좋은 것만 골라서 사용했다. 그래서 모르는 부분이더 많을 수도 있다. 앱에 대한 자세한 정보를 더 알고 싶다면, 체계적으로정리된 책자나 다양한 SNS를 활용하면 좋을 거 같다.

유용한 앱 하나로 많은 혜택을 누릴 수 있어 유익했고, 대단히 편리했다. 그리고 점차 새로운 기능들이 생성되는 것으로 보아, 나중에 이 앱을 사용할 때 더 좋게 변화되어있을 것 같아 기대된다.

제3장

본격적인
'치앙마이' 여행

일상 속 숨어있는 사원을 찾아보기

치앙마이에는 불교문화로 다양한 사원이 있었다. 이전에 태국을 방문했을 때와는 달리, 치앙마이만의 특색있는 사원들과 주변 곳곳에 있는 사원들이 있었다. 평소에 문화재나 박물관, 미술관 등 관람하는 것을 좋아하는데 이곳에도 그런 것들이 있고, 내 주변 가까이에 있어서 더 기뻤다.

초반에는 치앙마이 지리를 잘 몰라서 사람들에게 많이 알려진 사원을 위주로 다녔다. 그곳을 방문하러 가는 길에는 뜻밖에 조그마한 사원부터 다양한 사원들을 만날 수 있었다. 이 사실을 알고 나서는 여러 사원을 찾아다녔는데, 크고 작은 사원들부터 유명하거나 유명하지 않은 사원들까지 이곳저곳에 많은 사원이 숨어있었다. 보물찾기라도 하듯이 숨어있는 여러 사원을 열심히 다녀보니, 치앙마이는 초록빛 숲으로 둘러싸여 있는 것뿐만 아니라 주변 일상이 사원들로 둘러싸여 있었다. 그 정도로 사원이 많았다.

그리고 방문했던 사원들을 생각해보면 엄숙하고 진중한 곳이라서 어느 정도는 비슷한 부분들이 많았으나, 각각 사원마다 개성이 있었다. 규모부터 색상, 형태, 모양, 분위기 등이 독특했다. 사원마다 각자 다 다른 모습이어서 구경하는 동안 지루할 틈 없이 재밌었고, 사원 하나하나 유익했다. 이처럼 즐거웠던 여러 사원의 특징을 조금 더 자세히 이야기해보려 한다.

먼저, 규모가 컸던 사원은 대부분 압도적으로 규모가 컸고 볼거리가 매우 많았다. 그래서 그곳을 방문할 때마다 사람들이 상당히 많았는데, 가장 눈에 띄었던 사람들은 의복을 차려입은 승려분들이었다. 어느 사원을 갔을 때 그분들을 처음 보았다. 그분들은 똑같은 머리에 오렌지 빛깔의 의복을 똑같이 입고 우르르 몰려다니며 이곳저곳 왕래했다. 그 모습은 굉장히 인상 깊었고, 한동안 눈을 뗄 수가 없었다. 나중에 알고 보니, 우리나라 절과 같이 승려가 생활하고 수련할 수 있도록 숙소나 그 외 것들을 따로 마련해주었기 때문에 사원에는 승려들이 많았다. 이곳도 우리나라와 비슷한 모습이라서 왠지 친근했다.

사원이 광대했던 만큼 여행객이 즐길 수 있는 것들이 많았다. 밤에 구경할 수 있는 야경 투어와 다양한 체험이 있었다. 사원에서 하는 야경 투어는 낮과는 다르게 또 다른 사원에 온 듯했고, 매우 낭만적이었다. 그리고 사원에 있는 체험은 소원 적기, 법당 안에서 기도하기 등등 관람할 수 있는 것 외에도 다양한 체험이 있었다. 이러한 것들 모두 즐겁고 특별했지만, 어느 사원에 있는 체험은 독특했다.

'체디 루앙 템플'이라는 사원에서 할 수 있는 체험으로, 이곳에서 수련하는 승려분들과 함께 영어로 대화할 수 있었다. 이곳에 계셨던 승려분들은 수련과 함께 영어도 배우셔서 사원을 방문하는 여러 여행객과 원활한 대화가 가능하다고 들었다. 사정이 있어 직접 체험해보지 못했으나 이러한 체험은 굉장히 획기적이라고 생각했고, 다른 사원들과는 달리 특색있었다.

그리고 매년 국가기념일이나 큰 행사가 있을 때면, 규모가 큰 사원에서 개최가 된다. 치앙마이에 방문했을 때는 아쉽게도 축제 시기가 아니라서 직접 경험해보진 못했다. 한번 축제가 시작되면 굉장히 화려하고 멋지게 치러진다고 하니, 기회가 된다면 축제 시기에 맞춰 다시 방문해보고 싶다.

다만 멋스럽고 웅장한 만큼, 입장료가 있었다. 없는 곳도 있었겠지만, 관광객들이 많이 방문하고 유명한 곳은 거의 입장료를 받는 듯했다. 돈을 내고 사원을 방문했을 때 입장료 낸 값보다 더욱더 즐거워서 매우 만족했던 사원들이 있었으나, 아쉽게도 입장료만 비싸게 받고 실망을 안겨주는 사원도 있었다. 그래서 입장료를 내야 하는 사원이라면, 이전에 미리 내가 원하는 사원의 모습인지를 확인하고 방문하는 것이 좋겠다고 생각했다.

다음은 규모가 작은 사원이다. 이곳에도 나름 여러 가지 특징이 있었다. 첫 번째는 앞서 소개한 규모가 큰 사원과 비교했을 때 웅장하진 않았으나, 아기자기한 부분들이 돋보였다. 큰 사원 못지않게 요목조목 구성이 잘 되어있어서, 하나하나 구경하는 재미가 있었다. 아기자기한 것을 좋아하는 나는 이 특징이 가장 마음에 들었다.

두 번째는 입장료를 내는 경우가 드물었다. 그래서 이러한 사원은 밥을 먹고 가볍게 산책하러 가거나 그저 바람을 쐬러 가는 등 여러 가지 이유로 자주 방문했다.

세 번째는 이곳을 관광하러 온 여행객들도 있었으나, 대부분은 가볍게 산책 겸 관람하는 사람들이 주로 찾아왔고, 사람들 수가 적었다. 그리하여 한적한 사원 풍경과 자연 그대로의 모습을 느긋하게 구경할 수 있었고, 대충 찍은 사진 한 장도 굉장히 멋있게 나와서 이곳이 좋았다.

네 번째는 사원 안에 있는 법당이나 불상 앞에 찾아와 기도드리는 사람들이 많았다. 이곳을 찾아갈 때마다 사람 수가 적었으나, 현지인 대부분은 조용히 기도드리는 모습을 자주 볼 수 있었다. 그래서 가끔은 그들과 함께 기도드리고 소원을 빌었다. 이처럼 규모가 작은 사원도 큰 사원과는 다르게 특별한 곳이었다.

위와 같은 특징을 지닌 크고 작은 사원들을 만나면서 느꼈던 부분이 있다. 가지각색이었던 여러 사원을 관람하는 재미도 느꼈고, 무엇보다 치앙마이에서의 일상은 언제나 전통 문화재인 사원들이 함께 있어서 그곳에서의 삶이 좋아 보였다.

치앙마이에서의 삶처럼 우리도 새로운 것을 만들기 위해 조상님께서 남겨주신 것이나 옛것을 무작정 훼손하기보단, 최대한 있는 그대로 보전하여 우리의 일상 곁에 늘 함께했으면 좋겠다. 그래서 가치 있는 전통 문화

재와 함께하는 일이 누군가에게는 평범한 일상이고, 또 다른 누군가에게는 좋은 추억으로 남아 뜻깊은 명소였으면 한다. 이를 위해서는 나부터 옛 것에 대한 경각심을 잃지 않고 아주 소소한 것부터 아껴주고, 소중히 다뤄야겠다고 생각했다.

내가 머물렀던 동네에서 여러 사원 찾기를 직접 하다 보니, 많은 것을 느꼈고 깨달았다. 이처럼 좋은 추억들이 내게 남았기에 다시 치앙마이에 있는 사원을 찾게 된다면, 경험하지 못한 체험이나 축제를 실컷 즐겨야겠다.

어느 곳이든지 커피 맛은 좋다

치앙마이라는 곳은 커피 맛이 좋기로 유명했고, 직접 경험해보니 어느 곳을 가든지 커피 맛이 좋았다. 하루에 한 잔씩 커피를 마셔야 하는 나에게는 이곳이 바로 천국이었다.

한국에도 수많은 카페가 있지만, 커피 맛이 천차만별이라서 어떨 때는 복불복일 때가 많았다. 그래서 커피를 마실 때 신중했는데, 이곳은 그럴 필요가 없었다. 카페를 운영하는 사장님과 그곳에서 일하는 직원 모두가 커피에 대한 전문성을 갖고 있어서 그런지, 어느 카페를 가도 모든 커피가 진하고 맛있었다. 그리고 쓰디쓴 에스프레소부터 담백한 블랙커피, 우유가 듬뿍한 카페라테, 달콤한 캐러멜 마키아토 등 그 외에도 다양한 종류가 있어서 골라 먹는 재미도 있었다.

커피가 유명한 곳인 만큼, 치앙마이에는 유명한 바리스타가 있었다. 그분은 여러 바리스타 대회에서 우승하셔서 치앙마이에서는 저명하신 분이었고, 카페를 운영했다. 커피를 좋아하는 사람으로서 유명한 바리스타가 운영하는 카페와 커피 맛이 매우 궁금했다. 그곳을 직접 찾아가 보니, 기대했던 만큼 커피 맛이 일품이었다. 다만, TACK OUT 해야만 될 것처럼 작은 규모에 많은 손님으로 번잡했고, 다른 카페들보다 커피값이 비싼 편이었다. 그러나 이처럼 맛있고 유명한 커피를 한국에서 마시려면 더 비싸고 사람들이 더 많다는 것을 알기에 이곳에서 마셨던 커피와 카페 환경을 충분히 받아들일 수 있었다.

커피를 즐기면서 인상 깊었던 모습이 있다. 그 중 첫 번째는 치앙마이에서 커피를 마셨던 다수가 따뜻한 커피를 주문했다. 햇볕이 뜨겁게 내리쬐는 날씨였지만, 나를 제외한 서양인들과 현지인들 대부분은 김이 모락모락 나는 커피를 주로 마셨다. 보통 더운 날씨에 카페를 가면, 시원한 음료나 얼음이 가득한 아메리카노를 마셨던 나는 그들의 모습을 처음 보고 신기해했다.

이곳에서 계속 생활하다 보니, 차가운 커피보다는 따뜻한 커피를 즐기는 사람이 더 많다는 것을 알았다. 그리고 그들을 보면서 예전에 어느 대중매체에서 보았던 글이 어렴풋이 생각났다. "따뜻하게 내려진 커피를 마셔야 본연의 커피 맛을 느낄 수 있다"라는 글이었다. 그들도 이처럼 시원함을 채우기보다는 고유의 커피 맛을 음미하고 즐기는 듯했다. 치앙마이에 살면서 즐겨 마셨던 커피는 주로 살얼음이 가득했지만, 가끔은 나도 그들과 함께 따뜻한 커피를 마시며 본연의 커피 맛을 음미했다.

두 번째는 '아메리카노'라는 메뉴가 없는 카페도 있었다. 치앙마이에 온 지 얼마 안 되었을 때 어느 카페에 들어가 메뉴판을 보았는데, 아메리카노라는 이름은 아무리 찾아도 없었고 대신 '블랙커피'라고 적혀 있었다. 한국에서는 아메리카노가 흔한 메뉴였는데, 치앙마이에서는 흔하지 않아서 조금 당황했었다. 그 이후로 여러 카페를 다녀보니, 동양인들이나 한국인들이 주로 방문하는 곳에는 아메리카노가 있다는 사실을 알 수 있었다. 이 경험이 없었더라면 아마도 아메리카노라는 메뉴는 어느 나라에도 흔한 커피라고 생각했을 거 같다.

이처럼 치앙마이에서 맛본 커피를 통해 다양한 경험을 했다. 그런 경험이 있어서 치앙마이에서 맛본 커피들이 더 생각이 난다. 그리고 딱 하나만 고를 수 없이 그곳에서 마셨던 커피들은 모두 다 맛있었고, 한국에서는 느낄 수 없는 맛이었기에 그 맛이 더욱더 그립다.

음식 I 무더운 날씨와 함께한 뜨끈한 음식

치앙마이에서는 아무리 더워도 뜨끈뜨끈한 음식이 많았다. 다수가 주문했던 따뜻한 커피처럼 무더운 날씨에 만들어진 대부분 음식도 따뜻했다.

주로 먹었던 음식은 현지식이었는데, 차가운 음식을 보기 어려웠다. 거의 다 따뜻하게 요리된 음식들이었다. 메뉴를 선택하고 주문하면 주방장님은 곧바로 즉석에서 음식을 만드셨다. 음식점 대부분은 개방형 주방으로 되어있어, 어떻게 요리하는지 실시간으로 볼 수 있었다.

주문이 들어오면 주방장님은 비장한 각오라도 한 듯한 표정으로 바쁘게 요리를 시작하셨다. 개방된 주방에서는 활활 타오르는 불에 맞춰 요리 솜씨를 마음껏 뽐내시는 모습을 보았다. 그 광경을 두 눈에 다 담다 보면, 어느새 먹음직스러운 음식이 "짜_잔"하고 나왔다. 그 음식이 나오기까지 화려한 주방장님의 요리 솜씨도 멋있었지만, 하루하루가 찜통인 날씨임에도 뜨거운 불 앞에서 한결같이 요리하시는 모습이 멋있었다.

어느 날은 현지인이 많았던 음식점에 갔었는데 요리하는 주방장 모습이 굉장히 멋있었다. 그래서 나도 모르게 "요리사님 최고!!"라고 한국말로 외칠 뻔했었다. 그분과 나는 초면이지만, 나에게 있어서 그 존재가 이처럼 대단해 보였다.

이러한 노고에 만들어진 음식은 한결같이 맛있었다. 또한, 그곳에서 먹었던 주변 환경은 뜨거운 가마솥 옆에 있는 듯한 찜통더위였다. 그런데도 이곳에서 먹었던 음식은 시원한 에어컨 바람을 쐬며 차가운 냉면을 먹었던 것보다 더 맛있었다. 오로지 소량의 선풍기만을 의지하며 먹었던 따뜻한 음식을 지금도 잊을 수가 없다.

예전에는 덥다고 생각하면 무조건 더위를 피하고자 시원한 곳에서 시원한 음식들을 먹어야 맛있다고 생각했었는데, 이번 계기로 나의 고정관념을 깨뜨릴 수 있었다. 치앙마이의 무더운 날씨 속에서 맛본 따뜻한 음식들 덕분에 '더울 때 먹는 따뜻한 음식이 더욱더 맛있다는 것'을 몸소 깨닫게 해주었다.

또다시 맛있는 현지 음식들을 맛보고 싶지만, 그때 그 더위와 함께 느꼈던 주방장님의 멋진 요리 솜씨, 그리고 뜨끈한 음식 맛을 다시 한번 느껴 보고 싶다.

음식 II 제일 좋아하는 팟타이 먹기

태국 음식 중 제일 좋아하는 음식은 팟타이다. 그래서 한국에서도 틈틈이 먹었는데, 다만 부담스러웠던 부분이 있었다. 외국 음식이라서 대략 9천 원 이상을 내야만 먹을 수 있었기에 자주 먹고 싶었으나 그렇지 못했다.

다행히도 한국에서 먹었던 팟타이를 치앙마이에서도 먹을 수 있었는데 이보다 더 저렴했다. 대략 1,200원~4,000원만 있으면 배부르게 먹을 수 있었다. 물론 비교해보면 한 그릇의 양 차이가 조금 있었지만, 한국에서 먹는 팟타이는 비싸다고 생각했다. 그리하여 치앙마이에 방문하기 전 이런 다짐을 했다. 즉석에서 만들어진 전통 팟타이를 꼭 질리도록 맛봐야겠다고 말이다.

내 소원을 위해서 치앙마이에 도착한 날부터 마지막 날까지 하루에 한

끼는 꼭 팟타이를 먹으러 다녔다. 하루도 빠지지 않고 팟타이를 먹으러 갈 때면, 음식을 맛있게 요리해주시는 모습을 두 눈으로 볼 수 있었다. 쫄깃 쫄깃해 보이는 오동통한 면과 노란 에그 스크램블, 아기자기한 두부 조각, 아삭아삭한 숙주, 초록 초록한 부추에 달짝지근한 소스까지 더 하여 모두가 함께 잘 어우러지도록 따뜻한 불 위에 볶아주셨다. (상황에 따라 추가 재료도 있었다)

이처럼 맛있게 요리된 팟타이를 예쁘게 장식된 접시에 담아주면 더욱더 먹음직스러운 한 그릇 음식이 완성되었다. 각자의 기호대로 먹을 수 있는 땅콩 가루와 팟타이 옆에 놓인 레몬 조각이 있었다. 나는 그들을 골고루 뿌려서 먹었고, 팟타이 맛을 음미했다. 이렇게 만들어진 팟타이를 매번 먹으면서 느꼈던 점은 죽기 전에 마지막으로 먹고 싶은 음식이라고 생각될 정도로 굉장히 맛있었고, 팟타이를 먹는 동안 행복했다.

그리고 한국에서는 몰랐는데, 치앙마이에 와서 알았던 사실이 있다. 팟타이 종류가 1개가 아니라 여러 종류가 있었다. 노란 에그 스크램블과 여러 채소가 들어간 팟타이는 기본 메뉴였고, 기본이 충실한 팟타이에 그 외 해물(또는 새우 등), 돼지고기, 닭고기 등이 추가된 메뉴가 있었다. 여러 메뉴를 먹어본 결과, 기본 메뉴가 가장 담백하고 맛있었고, 취향에 따라 고를 수 있어서 좋았다.

메뉴가 다양하고 맛있는 팟타이를 맛보려고 여러 식당을 찾아다녔다. 규모가 크고 작은 곳부터 현지인 또는 외국인이 주로 방문하는 곳, 식당 시설이 좋은 곳과 그렇지 않은 곳 등 다양했다. 그리고 방문했던 곳마다 맛은 비슷했으나 가격 차이는 있었다.

먼저 소개할 곳은 작은 규모의 음식점이다. 규모가 작은 음식점 대부분은 홍보가 될만한 커다란 간판 없이, 사장님께서 손수 작성한 손글씨 간판이나 조그마한 간판이 있었다. 간판처럼 그 외 다른 시설들과 규모도 다소 왜소했고 로컬 분위기가 느껴졌다. 무더운 날씨에 시원한 바람을 선물해 줄 수 있는 에어컨 하나 없이 소량의 선풍기들만 돌아가고 있었다.

이곳에서 먹는 한 그릇 식사는 쾌적 지수가 낮은 환경이라서 조금은 불편했지만, 충분히 이해할 수 있었다. 그 이유는 이곳에서 먹었던 팟타이는 보통 30~45바트로 (당시 원화 계산 시 : 대략 1,150원~1,700원) 저렴했고, 오랜 시간 앉아서 먹는 음식이 아니었기에 주변 환경이 중요하지 않았다. 그리고 이러한 식당을 자주 방문하면서 찾아오는 사람들을 지켜보니, 현지 사람들이 대부분이라는 것을 알 수 있었다.

반면 어느 정도 규모가 있는 음식점은 간판도 크고 모든 시설이 잘 갖춰졌다. 무엇보다 에어컨과 대형 선풍기가 여러 대가 있어서 시원했고, 모든 시설이 청결해서 편했다.

쾌적하게 식사했던 만큼 이곳에서 먹는 한 그릇은 보통 60~100바트 (당시 원화 계산 시 : 대략 2,300원~3,900원)였다. 오로지 한국 돈으로 계산했을 때는 이 금액이 저렴했으나, 규모가 작은 음식점과 비교했을 때는 30바트 정도 더 비쌌다. 나에게 있어서 두 곳 모두 다 음식 맛과 양이 비슷했기에, 규모가 큰 식당에서 먹는 음식이 조금 비싸다고 생각했다. 그러나 맛을 떠나 조금 더 편하게 이용하고 싶은 사람은 이곳을 찾았고, 이곳을 주로 방문했던 사람은 대부분 나와 같은 외국인이나 여행객이었다.

하나를 콕 집어 이야기하기 어려울 정도로 치앙마이에서 맛본 팟타이는 모두 맛있었다. 그중 더 맛있게 먹었고 인상 깊었던 곳을 고르자면, 작고 왜소했던 음식점이다. 그 이유는 이전에 경험해보지 못한 환경이라서 더욱더 인상 깊었다.

치앙마이에서 하루에 한 번은 꼭 팟타이를 먹어서 충분했으나, 싫증 나지 않았다. 오히려 계속 생각났다. 치앙마이를 다녀온 지 한참 후에도 팟타이를 보면, 치앙마이에서 맛본 팟타이가 생각이 났다. 그때 그 장소에서 먹었던 팟타이 맛이 세세하게 떠오르면서 시도 때도 없이 입안에서 군침이 돌았다.

현재 치앙마이에서 맛본 팟타이 허기를 다른 먹거리로 충족하고 있지만, '팟타이 후유증을 제대로 극복하자!'라는 이유로 언젠가 다시 가서, 마음껏 먹고 싶다.

어려운 향신료 '고수'와 친해지기

치앙마이에서 주로 맛보았던 향신료는 '고수'다. 고수는 현지 음식에서 또는 어떤 재료에서 잡내가 날 때 사용하는 주요 재료로, 이곳에서 생활하는 동안은 자주 먹어야 했다. 이 향신료가 들어간 음식들을 계속해서 먹어보니 한국 음식에서 잡내를 없애주는 재료 중 생강, 파, 마늘, 양파 등과 같은 존재라는 것을 느낄 수 있었다.

여행을 가서 처음 먹는 음식도 잘 먹는다. 그러나 향신료가 들어간 음식들은 처음에 적응하기 어려웠다. 그곳에는 고수 외에도 더 많은 향신료가 있었으나, 적응할 수 있었던 향신료는 고수 하나뿐이었다.

고수를 처음 접했을 때가 초등학교 4학년 때쯤이었다. 우연히 태국에 방문할 기회가 있어서 전통 태국 음식들을 처음 먹어보았는데, 깜짝 놀라서 먹지 못했다. 그때도 어디를 가든지 뭐든 잘 먹었는데 말로 설명할 수 없는 특유의 향이 끊임없이 풍겨서 골고루 먹지 못했던 기억이 난다. 나 역시 처음에는 먹지 못했기에 고수를 처음 맛보거나 냄새와 향에 민감한 사람에게는 쉽지 않다는 것을 충분히 동감했다.

또한, 고수라는 재료가 호불호가 있었다. 내 주변 사람들만 보아도 고수를 좋아하는 사람들은 고수를 추가해서 먹거나 음식 위에 듬뿍 넣어 먹는다. 반면 고수 향에 민감한 사람들은 고수가 아주 조금만 있어도 몸서리쳤다. 안타깝게도 다수가 좋아하는 향신료는 아니었다.

그러나 요즘은 고수에 대한 호불호 간격이 좁혀지는 듯했다. 고수가 한국에서는 아직 대중적인 향신료는 아니지만 동남아 음식점들과 그 외 여러 나라의 음식점들이 많아졌기에 고수를 활용한 음식들이 많아졌다. 해외를 가지 않아도 쉽게 접할 수 있었고 취향에 따라 다양하게 즐길 수 있었다.

또한, 내가 아는 지인은 온 가족이 고수를 좋아하여, 고수를 직접 재배하는 모습을 보았다. 그 광경을 처음 봤을 때는 동남아시아에 있어야 할 재료가 이곳에 있어서 굉장히 신기했다. 친구네 집은 주택 집으로 근처에는 밭과 논이 있었다. 그래서 다양한 채소와 과일, 곡식 등을 재배하고 농사 짓기 때문에 고수를 키우는 것은 지극히 간단한 일이었다. 유기농으로 직접 키우다 보니 맛은 당연히 일품이었고, 언제든지 고수를 맛볼 수 있다는 사실에 조금은 부러웠다. 그뿐만 아니라 농사와는 거리가 먼 도시에서 자라온 나에게는 고수를 직접 재배하고 먹는 모습이 새로웠다.

이처럼 한국에서도 쉽게 접할 수 있듯이 나 역시 고수라는 향신료가 좋아지는 중이다. '한국에서 접했던 동남아 음식 덕분일까? 치앙마이에서 자주 먹었던 현지 음식들 덕분일까? 치앙마이에서 만난 현지인분들이 권

해준 음식 덕분일까?' 깨작깨작했던 과거와는 달리 현재는 고수가 들어간 현지 음식을 가리지 않고 맛있게 먹을 수 있다. 조금은 낯설고 어려운 향신료였지만 치앙마이에서 잦은 시도와 노력 덕분에 예전보다 더 고수와 친해졌다. 그리고 현지 음식을 자주 먹다 보니, 고수가 들어갔기에 그 음식 맛이 더욱더 깊어졌다는 것을 느꼈고, 그곳에 사는 현지인들의 입맛도 조금은 이해할 수 있었다.

고수를 먹어보는 꾸준한 노력으로 어느 정도 시간이 지나 고수와 절친이 된다면 '다른 향신료 맛보기'를 도전해보려고 한다. 열심히 도전해서 어느 여행지를 가더라도 되도록 굶지 않고 모든 지 잘 먹을 수 있는 세계적인 미식가가 되었으면 한다.

동네 재래시장 탐방기

어느 여행지를 가든지 주변에 있는 시장 둘러보기를 좋아하는데, 마침 숙소 앞에는 조그마한 동네 재래시장이 있었다. 이곳을 자주 방문하지 않았으나, 숙소 주변에 있는 시장이라서 다른 곳을 가는 길에 잠시 방문하거나 그곳을 구경했다. 가끔 시장에 방문하면, 시장에서 장사하시는 상인분들과 시장의 분위기를 느낄 수 있었다. 이곳의 첫인상은 시장 안쪽 깊이 들어갔을 때 이전에 경험해보지 못한 시장이라서 조금 놀랐다. 한국 재래시장과 비슷한 구조였으나 사뭇 다른 분위기였다.

이 시장은 동네에 있는 자그마한 시장이라서 그런지 시장 내부는 한 명만 지나다닐 수 있는 좁은 통로로 되어있었다. 그리고 다양한 재료들을 자주 씻는 등, 물을 많이 사용하는 공간이라서 다소 습했다. 치앙마이 사람들에게는 이곳이 익숙한 공간으로 자연스러운 곳이지만, 외국에서 온 내게는 쾌적함에 있어서 조금은 달갑지 않은 향이 났다.

이러한 공간에서 상인분들은 날씨가 어떻든 언제나 일찍 나오셔서 장사 준비를 하셨다. 물건을 판매할 때는 내부가 아닌 외부에 있는 널찍한 가판대에서 준비한 재료들과 물건들을 보기 좋게 전시했다. 동네 시장으로 물건 수가 다양하기보다 단출했다. 생선류부터 그 외 건조 또는 가공한 식품, 여러 반찬류, 그곳에서 직접 요리하는 음식 등이 있었다.

이곳 상인분들은 물건을 판매할 때 "어서 오세요~, 여기로 오세요~, 이 물건(식품) 엄청 저렴해요! 이곳으로 오세요, 이 물건 괜찮아요" 등 판매 유도를 하지 않으셨다. 그저 차분히 앉아 계시거나 담담한 표정과 행동으로 물건을 판매하셨다. 그런데도 가게 곳곳마다 찾아오는 손님들이 꾸준히 있어서 신기했다. 이곳을 경험하기 전, 방문했었던 시장들은 항상 번잡했다. 상점 또는 물건을 홍보하며 판매를 유도했고, 그에 따라 사람들이 모여있거나 모여있지 않는데 이곳 분위기는 전혀 달랐다. 그래서 더 특이하다고 느꼈다.

이곳을 주로 방문했던 사람들은 동네에 사는 현지 사람이었고, 가끔은 나와 같은 외국인들도 있었다. 여행객을 상대하기보다 현지 사람들이 많이 찾아오는 시장이라서 아주 간단한 영어로 소통했다. 상인분들께서는 능숙한 영어로 말하는 것보다 상황에 맞는 간단한 영어나 보디랭귀지로 소통하는 것을 선호하셨다. 나 또한 능숙한 영어는 부담스러웠기 때문에 그분들과 간단한 언어로 소통하는 부분이 오히려 편했다.

또한, 이 사장은 가성비가 좋았다. 여러 시장을 다녀보았지만, 흥정하지 않아도 될 만큼 저렴했고 푸짐한 먹거리를 제공했다. 이곳에서 산 음식을 직접 먹어보니 생각한 것과는 다르게 맛있었고, 이전에 먹어보지 못한 치앙마이 먹거리와 반찬을 맛볼 수 있어서 좋았다.

동네 재래시장 방문을 통해 '이곳의 재래시장은 어떤 문화인지? 또는 어떤 모습인지?'를 직접 경험할 수 있었다. 이곳을 탐방하면서 초반에는 조금 놀란 부분도 있었으나 이곳에 삶의 터전과 문화이기에 점차 이해했고, 시장의 다양한 모습은 특색있다고 생각했다. 그리고 이 시장을 다녀오면서 느꼈던 점은 '한국의 재래시장이 얼마나 청결하고 깨끗한 환경인지'를 몸소 깨달았다. 저렴하고 청결한 재래시장이 한국에 있다는 것에 감사함을 느꼈고, 될 수 있으면 평소에 보았던 재래시장을 수시로 방문해야겠다고 생각했다.

흥정하는 즐거움

　치앙마이 물가는 흥정이 필요 없을 정도로 어느 관광지보다 저렴했으나, 치앙마이에 살면서 자주 흥정을 했다. 이곳에는 재미있게 흥정하는 장소가 많이 있었고, 여행객이라고 바가지요금을 씌우는 경우가 간혹 있었다. 그래서 돈을 낭비하지 않고 가치 있게 사용하려면 물건을 구매하기 전에 흥정이 되든, 되지 않든 흥정을 유도해야 했다. 먹는 음식만 제외하고는 모두 흥정했다.

　이곳에서 '흥정하기'는 언제나 재밌었다. 걱정 없이 가격을 조정할 수 있는 곳이 많았기에 즐거웠다. 물건을 살 때 그곳에 계시는 상인분들과 간단한 영어로 흥정할 수 있었지만, 서로가 영어로 소통이 안 될 때는 다른 말 필요 없이 계산기 하나로 해결했다. 각자가 원하는 금액을 계산기에 누르고, 그에 따른 반응을 보여주며 흥정했다. 이처럼 계산기 하나로 서로가 원하는 중간 지점을 찾는 과정이 매우 재밌었다. 또한, 간단한 영어 회화 또는 계산기로 흥정할 때마다 항상 성공하지 않으나, 다양한 상인을 만나 대화하고 흥정할 수 있어서 좋았다.

이렇게 흥정을 즐길 수 있었던 이유는 다양한 시행착오를 겪었기 때문이다. 흥정이라는 것은 내가 먼저 상대방에게 다가가 "이 물건 가격이 비싸니 조금만 더 저렴하게 깎아 주세요"라는 말과 함께 약간의 능청스러운 행동이 필요했는데, 그렇지 못했다. 약 4년 전 혼자 홍콩 갔을 때만 해도 내 안에 숨어있는 낯가림이 있었기에 시장에 계시는 상인분들께 먼저 말 건네기가 어려웠다. 그리고 내가 용기 내서 상대에게 물건값을 조정했을 때 상대가 거절할까 봐 두려웠다. 그래서 바가지요금으로 구매한 경험도 있었고, 어떤 장소는 흥정하기가 가능했는데 말 한마디 꺼내지 못하고 언급한 그대로 돈을 낸 경험도 있었다.

그렇게 수줍어하고 낯가리던 내가 극복할 수 있었던 것은 내 마음가짐이었다. 첫 흥정을 도전할 때 흥정이 되든 되지 않든 실망하지 않고 무작정 들이대 보자는 마음이었다. 그 도전이 잘 성사되어 극복할 수 있었고 한 번, 두 번, 세 번 흥정하다 보니 거절해도 아무렇지도 않았다. 어느새 낯가림도 없어졌다. 이제는 과거와 다르게 천연덕스러워져서 어딜 가든지 "좀 깎아 주세요~"라고 말하며 애교까지 떨 수 있게 되었다.

또한, 치앙마이에서 흥정을 자주 하다 보니 신기한 일이 있었다. 그 일은 치앙마이에서 한국으로 돌아가기 전, 치앙마이 공항에서 있었던 일이다. 짐을 다 싣고 비행기를 기다리고 있었는데 잔돈이 남았다는 것을 확인했다. 그래서 이 돈을 이곳에 털어 내기 위해 적당한 제품을 찾았는데, 마침 전통 물품 상점에 있는 노란색 머리띠를 발견했다. 그러나 그 머리띠를 사려면 딱 3바트가 더 필요했다. 오랫동안 망설이다가 '설마 공항에서 흥정이 되겠어? 밑져야 본전이다!'라는 마음으로 머리띠와 내가 가진 잔돈 모두를 사장님께 보여드리며 말했다. "지금 저는 이 금액밖에 없는데, 이것을 구매할 수 있을까요?"라고 물었다. 그곳에 계셨던 사장님께서는 무표정으로 "OK!"라고 말씀하셨고, 어서 가져가라고 손짓하셨다. 그 순간 나는 당황했고, 흔쾌히 승낙해주신 사장님께 감사했다.

공항에서 흥정이 되었다는 사실이 매우 놀랐고, 신기했다. 공항에서 판매되는 것은 밖에서 사는 것보다 조금 더 비싸게 판매되어 흥정이 안 될 것 같았는데, 흥정하기가 실현되어 꿈만 같았다. 지금도 그 일이 신기하다.

이 외에도 흥정을 자주 하다 보니, 재미있는 일이 많았고 상인분들과 친해졌다. 이처럼 흥정하기 하나로 다양하고 독특한 경험을 할 수 있었다. 다음 여행지에서 흥정할 때는 어떤 일이 기다릴지 굉장히 궁금하다.

주의점 흥정할 때는 현금 결제만 가능했다. 그러니 현금을 넉넉하게 지참해야 좋다.

치앙마이에 있는 색다른 야시장

평소에도 야시장 구경을 좋아한다. 마침 치앙마이에도 다양한 시장이 있었고, 주제별로 특징이 있었다. 분위기는 한국 야시장과 조금은 비슷했으나 치앙마이에서만 볼 수 있는 특색이 있었다.

시장마다 공통점이 있었다. 야시장에서 판매되는 것들은 각종 전통 기념품과 수공예품, 전통 의상 및 각종 잡화, 현지식 먹거리, 열대과일 등등 이외에도 많은 것들이 있었다. 쇼핑 거리 외에도 다양한 길거리 공연과 볼거리가 있었다. 무엇보다 야시장이 열릴 동안은 모든 차량이 통제되었고, 길거리 흡연과 음주하는 사람들이 없어서 편했다. 공통점 외에 세부적으로 보았을 때는 시장마다 다른 특색있어 구경하는 재미가 있었다. 이처럼 좋은 야시장이 있었기에 정해진 시간만 되면 사람들이 우르르 몰려왔다.

치앙마이에 있는 야시장들은 크고 작은 시장들이 많아서 직접 경험했던 야시장 중 인상 깊었던 시장을 이야기해보려 한다.

첫 번째는 치앙마이에 와서 처음 방문했던 야시장으로 매주 토요일 저녁, 올드타운 남쪽 거리에서 야시장이 열렸다. 야시장이 열릴 동안 그 거리는 끝이 보이지 않았고, 걷다 보니 규모가 크다는 것을 느꼈다. 이곳에는 다양한 쇼핑가와 길거리 음식이 있었고, 길 중간마다 소소한 공연장이 있었다. 그래서 어디서나 볼 수 없었던 독특한 길거리 공연을 관람했다. 그중 인상 깊었던 공연이 있다. 전통 의상을 곱게 차려입은 귀여운 여자아이가 혼자 노래에 맞춰 정성스레 전통춤을 추는 모습이 멋있었고, 그 공연을 보는 동안 나는 그 아이에게 푹 빠져있었다.

야시장에는 공연 외에도 여러 가지 볼거리와 체험 장소가 있었다. 그 중 정교하게 그려주는 초상화나 얼굴 특징을 잘 살려 재미있게 그려주는 캐리커처 화가들이 있었다. 그 옆에는 작가가 직접 만든 작품들을 전시했다. 나는 그곳에서 체험하는 것도 좋았지만, 멋진 작품들을 구경하고 그에 따른 예술적 영감을 받아서 더 좋았다.

다만 이처럼 즐거웠던 야시장은 여러 야시장 중에서 규모가 어느 정도 있었지만, 이곳에서 오래 머무르기가 힘들었다. 야시장을 운영하는 길 너비가 다소 좁은데 사람들이 너무 많이 몰려왔다. 그래서 사람들과 함께 살을 부대끼며 걸어야 했고, 그렇게 해야 다양하게 구경할 수 있었다. 또한, 야시장을 가면 먹는 낙이 있어야 하는데, 사람이 너무 많아서 어느 것도 먹을 수 없었다. 주변에 있었던 다양한 음식을 눈으로 보았으나, 직접 맛보지 못해 아쉬웠다.

이 시장은 처음 방문한 야시장이라서 모든 부분이 흥미로웠다. 그래서 다리와 발이 아픈 것도 모르고 걸어 다녔고, 모르는 사람들과 함께 걸으며 재미있게 시장탐방을 했다.

두 번째는 매주 일요일 저녁, 치앙마이 올드타운에 있는 유명한 성벽부터 끝이 보이지 않을 정도로 아주 큰 야시장이 열렸다. 이곳은 첫 번째로 소개된 야시장처럼 다양한 쇼핑가, 먹거리, 길거리 공연과 볼거리 등 거의 비슷하여 확장판과 같았다.

이 시장은 규모가 커서 쇼핑과 먹거리, 길거리 공연와 그 외 볼거리를 편하게 즐겼다. 시장이 컸던 만큼 다수가 편하게 즐길 수 있는 큰 공연장도 여러 개 있었다. 또한, 시장 내에서 받을 수 있는 저렴한 발 마사지가 있었다. 어느 길목에서 받는 마사지였으나, 많은 사람이 찾는 명소였다.

이곳이 다른 시장보다 더욱더 좋았던 점이 있다. 물건이 다양했고 흥정이 잘 되었다. 치앙마이에 있는 야시장들은 거의 비슷한 분위기로 이루어졌으나, 흥정 되는 곳이 드물었고 상인분들도 인색해 보이셨다. 이 부분을 아쉬워할 때쯤 다행히도 이곳을 만났고, 이 시장만큼은 흥정도 인심도 넉넉함을 느꼈다. 이러한 시장이 좋아서 자주 방문했고 비어있던 두 손이 양손 가득해져서 숙소로 돌아왔다. 또한, 그 외에도 좋았던 점은 일요일 밤인데도 늦게까지 열려있었다. 촉박하게 움직이지 않아도 되어서 좋았고, 저녁 식사를 하고 나서 심심할 때 방문할 수 있어서 좋았다.

이 야시장은 여러 방면을 고려했을 때 어느 시장보다 다양했고 편의시설이 충족했다. 매일 방문하고 싶었지만 그렇지 못했기에 매주 일요일이 기다려졌다.

세 번째는 매일 저녁에 열리는 대규모 상설 야시장으로 핑강 근처에 있는 야시장을 다녀왔다. 이곳도 마찬가지로 다른 야시장과 거의 비슷했으나, 이 시장에서만 보고 경험할 수 있는 것들이 있었다. 이곳에서는 태국

고산족 수공예품과 각종 잡화가 돋보였다. 그리고 상설 야시장 특징으로 다양한 먹거리를 맛보며 라이브 공연을 감상할 수 있는 공간이 따로 있었다. 그 공간은 무료였고, 방문한 사람들 모두가 그곳을 편하게 즐겼다.

가끔 시장을 구경하러 가거나 저녁 식사를 하러 가면 기분을 상승시켜주는 음악과 활기찬 분위기에 흠뻑 취했다. 사람들이 많았을 때는 앉을 자리가 없어서 초면인 사람들과 함께 합석하며 이곳을 즐겼다.

이곳을 방문해서 이전에 보지 못했던 독특한 기념품들을 구경했고, 맛있는 음식과 함께했던 라이브 공연도 감상할 수 있었다. 다른 시장들과는 다르게 많이 걷기보다는 몸도 마음도 편히 쉴 수 있는 시장이었다.

앞서 이야기한 3가지 유형 야시장은 저마다 다른 특색이 있었고 언제나 방문해도 즐거웠다. 이외에도 치앙마이에는 주제별 여러 야시장과 시장(마켓)이 있었다. 시장마다 분위기가 각자 다 다르고 취향에 따라 선택할 수 있도록 광범위했다. 그뿐만 아니라 굉장히 즐거웠다. 앞서 이야기한 3가지 유형 시장만큼 흥미로워서 다음 날 잘 걷지 못할 정도로 열심히 구경했고, 어떤 시장은 재방문했다. 그 정도로 치앙마이에 있는 야시장과 시장(마켓)은 한 달 살기에 전부였고 나에게 행복이었다.

치앙마이에 있는 여러 야시장과 그 외 주제별 시장(마켓) 안내 사항

첫 번째, 상설 시장을 제외한 특정한 시간과 요일이 정해진 시장 거리에는 모든 차량이 통제된다. 그래서 안전하게 구경할 수 있었다.

두 번째, 모든 시장은 대부분 음주와 흡연이 금지였다. 다만 상설 시장은 음주만 가능했다.

세 번째, 야시장과 시장(마켓)은 저렴하게 즐길 수 있는 곳으로 현금 결제만 가능했다. 구경하다 보면 사야 하거나 사고 싶은 물건이 생길지 모르니, 현금을 넉넉히 준비해야 좋다.

네 번째, 여행객들이 많이 찾아오는 시장에는 그렇지 않을 수도 있지만, 터무니없는 금액을 요구할 수 있다. 그러니 의심하고, 먼저 흥정하기를 권한다.

다섯 번째, 흥정이 잘 이루어지지 않더라도 바로 실망하지 않아도 된다. 그 이유는 나도 어떤 곳에서는 처음 흥정했는데 바로 거절당했다. 그러나 실망하지 않고 다른 곳에서 흥정했더니 더 저렴하게 구매할 수 있었다. 구체적으로 예를 들면, A라는 곳에서 물건이 1,500원이었는데 흥정이 되지 않았다. 그래서 약 100m 정도 걷다가 B라는 곳에서 A에 있었던 물건을 발견하여 흥정을 시도했다. 다행히도 수락되어 1,300원에 구매할 수 있었다. 그러니 곧바로 구매하기도 이르고 첫 흥정에 실망하기도 이르다고 생각한다.

태국 마사지 시원하게 받기

누군가 나를 안마해주는 것을 좋아하는데, 태국 전통마사지를 제일 선호한다. 태국 마사지를 알기 전에는 나에게 맞는 마사지를 찾기 위해 다양한 마사지를 받아보았다. 그 결과, 나에겐 태국 전통마사지가 잘 맞았다. 내가 좋아하는 태국 마사지가 이곳에서는 매우 저렴했고, 온몸의 혈 자리와 뼈마디, 뭉친 부분을 하나하나 섬세하게 풀어주었다. 그래서 마사지 샵을 자주 찾아다녔다.

여행 초반부터 감기 때문에 아파서 골골거릴 때, 잠을 푹 못 자서 피곤할 때, 열심히 걸어서 지쳤을 때 등 이처럼 힘들 때 마사지를 받으면, 이전에 아무 일 없었다는 듯이 평온해졌다. 단지, 뭉쳐있는 근육들을 잘 풀어주는 것만으로도 그동안 갖고 있었던 정신적 스트레스도 함께 풀리는 듯했다. 아픈 곳에 바르면 다 낫는다는 만병통치약 호랑이 연고처럼 태국 마사지에 대한 이미지도 비슷했다.

미사지를 잘 받기 위해 숙소와 가까운 곳에서 찾아다녔다. 그곳엔 마사지 샵이 워낙 많았으나, 쉽게 정할 수 없었다. 그 이유는 설렁설렁 마사지 하고는 돈을 받는 데 비싼 요금을 요구하여 당황했었던 경험이 있다. 그리고 주변에서도 이와 같은 어처구니없는 상황을 겪었다고 들었기에 혹시나 하는 마음에 꼼꼼히 확인했다. 그 덕분에 나에게 딱 맞는 마사지를 찾았다.

이곳은 바로 태국 마사지를 전문으로 하는 병원이었다. 한국에 있는 병원으로 비유하자면, 물리치료 또는 재활병원 같은 곳이었다. 그래서 이곳을 방문하는 사람 중 다수는 현지인이었고, 여행객들에게도 입소문이 난 곳인지 가끔은 나와 같은 외국인들을 볼 수 있었다.

오로지 마사지를 받는 곳이긴 하나, 병원 시스템을 갖춘 곳이라서 한국에 있는 병원과 비슷했다. 병원에 처음 방문했을 때 해야 하는 것들과 재방문했을 때 하는 것들 등 거의 비슷했다.

처음 방문했을 때는 접수나 예약이 가능한 병원 카드를 만들었다. 카드를 만들려면 신분증이나 여권을 보여줘야 했다. 확인이 끝나면 오로지 나만 쓸 수 있는 종이로 된 병원 카드가 완성되었다. 사실 이 카드를 만들었을 때는 예약만 하러 이곳을 방문했기에 영문도 모르고 만들었고, 이 카드 가치를 잘 몰랐다. 재방문했을 때 이 카드가 무슨 용도인지 깨달았고, 이 카드만 갖고 와도 빠르게 접수할 수 있었다. 굉장히 편리했다.

카드를 갖고 병원을 다시 방문했을 때는 쇠고리에 걸려있는 종이 접수표를 뽑아야 했고, 대기 의자에 앉아 내 번호를 부를 때까지 기다려야 했다. 내 번호를 부르면 간단하게 신체검사하는 곳으로 가서 검사받았다. 혈

압, 몸무게, 키 등 여러 가지를 재고 자신의 신체 정보를 기록지에 적었다. (신체검사가 가능한 다양한 기계가 있었으나, 체중계에는 올라가지 않았다. 여자는 특별히 프라이버시를 지켜주신다며 따로 재지 않고 자신이 알고 있는 몸무게를 적으라고 하셨다) 간단한 신체검사가 끝나면, 접수하는 공간으로 가서 병원 카드와 마사지 예약 시간을 확인 후 선결제를 했다. 이 단계가 끝나면 고대했던 마사지를 받을 수 있었다.

내가 생각했을 때 이곳의 가장 큰 장점은 마사지하시는 담당 선생님을 직접 고를 수 있었다. 선생님들께서는 이곳에 머무시는 치앙마이 현지 사람이셨고, 선생님에 따라 '강/중/약, 남자 선생님/여자 선생님'으로 나뉘어 있었다. 보통 마사지 받으러 가면 나에게는 선택권 없이 임의로 마사지 선생님을 배정받았는데, 그렇지 않고 내 상황에 따라 마사지 선생님을 선택할 수 있어서 좋았다. 또한, 이러한 세심한 부분들이 이곳을 찾아오는 손님들을 위해 배려해주시는 것 같아 그분들께 감사했다.

접수와 모든 선택이 끝난 후 마사지 받을 수 있는 의복을 입고 성별이 나뉜 방으로 들어갔다. 내가 선택했던 마사지 담당 선생님을 처음 뵙고 마사지를 받았는데, 다행히도 선생님과 나의 호흡이 맞았다.

그 선생님께서는 여자분이셨고 굉장히 섬세하셨다. 처음부터 마지막 만남 때까지 시원한 혈 자리를 집어 주시면서 나에게 안마받는 부분이 괜찮은지 아닌지를 매번 상냥하게 물어보셨다. 이곳에서 받는 마사지가 굉장히 좋아서 매일 아침 방문했는데도 오늘 몸 상태와 기운은 어떤지, 오늘 마사지 한 부분들은 어떤지 등을 하루도 빠지지 않고 하나하나 섬세하게 관리해주셨다.

마사지 외에도 좋았던 부분이 있다. 선생님께서는 당시 연세가 58세로 이곳 토박이 현지 사람이라고 하셨다. 그래서 영어로 원활한 소통은 안 되어 아주 간단한 영어로 함께 소통했었는데, 외국인인 나와 어떻게든 소통하려고 애쓰시는 모습에 진심으로 감사했다.

그렇게 5일이라는 시간 동안 함께했더니 많은 이야기를 나눴다. 내 이야기와 더불어 선생님께서 살아온 이야기부터 결혼 이야기, 따님 이야기 등을 말하며 친해질 수 있었다. 그때 정이 많이 들었는지, 지금도 언제나 따뜻하게 대해주셨던 모습과 인자하게 웃어주시던 선생님 얼굴이 아직도 아른거린다. 다시 뵐 수 있을 때까지 부디 건강하셨으면 한다.

단지 더 좋은 마사지를 받고 싶어서 여러 곳을 물색하다가, 이처럼 좋은 명소를 발견했다. 그곳에서 치앙마이 병원 체험도 하고, 병원 카드도 만들어보고, 좋은 분들도 만나 뵙고, 알찬 마사지까지 받아서 굉장히 행복했다. 그래서 가끔은 그곳이 그립다. 일상생활하다가 몸이 매우 피곤하고 찌뿌둥해질 때면 병원에서 받았던 시원한 마사지와 그곳에서 만났던 사람들이 떠오른다.

적응하기 힘든, 팁 문화

우리나라도 상황에 따라 팁을 간혹 주기도 하나, 팁 문화가 발달 된 나라가 아니었기에 그런 문화에 적응한다는 것은 어려웠다. 지도상으로는 팁 문화가 발달 되어있는 나라 안에 치앙마이도 속해 있어서 걱정되었다.

지금도 전과 얼추 비슷하지만, 태국 여행 초반에는 언제 내야 하고, 상황에 따라 얼마를 내야 하는지, 적정 수준 금액이 어느 정도인지 도무지 알 수 없었기에 혼란스러웠다. 기본 금액에 포함된 서비스임에도 불구하고, 팁은 예의상 드려야 한다고 했는데 이해가 되지 않았다. 그래서 같은 상황을 줬을 때 현지인들도 여행객들이 내는 팁만큼 내는지, 현지인들은 언제 팁을 내는지도 알고 싶었다.

만약 같은 곳을 계속 방문하는 경우, 한번 팁을 드리기 시작하면 계속 팁을 드려야 할 것 같았다. 그러다 보면, 나중에는 큰돈이 될 것 같아 이 또한 고민되었다. 물론 이곳의 물가가 저렴해서 처음엔 적은 돈으로 보이지만,

모이다 보면 큰돈이 되어 감당할 수 없는 금액이 될 것 같았다. 그리고 혼자 배낭여행 온 이상, 팁을 넉넉히 줄만큼은 여유가 없었기에 적정한 금액을 항상 고려해야 했다.

팁 문화를 생각하면 괜스레 민감해했는데, 다행히도 치앙마이에서는 팁을 강요하지 않았다. 예전에 태국에 있는 유명한 관광지를 갔었는데, 그곳에 사는 상인들은 돈을 몹시 밝히는 사람처럼 당당하게 "팁 줘!"라는 말과 행동으로 요구했었다. 좋지 않았던 경험으로 인해 팁을 줘야 할 때면 더 예민해졌다.

하지만 치앙마이에서는 이전에 경험했던 것과는 다른 환경이었기에 가슴에서 우러나와 감사하다는 마음을 전하고 싶을 때 등 소소한 팁과 마음을 전달했다. 자주 다녔던 단골 음식점들과 마사지 샵, 초면이었지만 친절하게 대해주셨던 그랩 카 기사님 등 그 외에도 나에게 있어서 소중했던 사람들에게 전했다.

어느 날은 팁 전달에 대해 알고 싶어서 숙소에서 만난 여행객들에게 어떻게 하는지 물어보았다. 여러 사람에게 물어본 결과, 사람마다 느끼는 기준도 가지각색이라서 정해진 답은 없었다. 명확한 답은 없었지만, 이건 확실히 느낄 수 있었다. 강요하여 팁을 냈을 때는 아무리 적은 금액이더라도 기분이 좋지도 않고, 의미 없는 팁이라고 생각되었는데, 기분 좋은 서비스를 받고 나서 팁을 전달했을 때는 정말 감사한 마음과 성의를 전하고자 했다.

상황에 따라 상대적인 부분이 큰 만큼, 팁 문화로 다양한 경험과 비결을 쌓아서 나만의 뚜렷한 기준을 만드는 그 날까지 나를 응원한다.

한국인이라서 그들과 함께 이야기꽃을 활짝 피웠다

치앙마이에 생활하면서 느낀 것이 있다. 가끔 이곳에 사는 현지 사람들에게 내가 한국인이라고 알리면 처음 본 사이인데도 굉장히 친근하게 대해주고, 내가 한국에 사는 것만으로도 동경의 대상이 되었다. 그래서 그곳에 사는 현지 사람들과 많은 대화를 나눴다.

그들과 함께 대화한 내용은 한국을 대표하는 수많은 K-POP 아이돌과 흥미진진한 이야기들로 구성된 한국드라마가 관심목록의 중심축이었다. 그 외 한국의 문화, 언어, 종교, 음식, 한국 배우 등 다양하게 더해졌다.

모두가 비슷한 내용으로 대화를 이어갔지만, 나이에 따라 관심 분야가 조금씩 달랐다. 10대~20대였던 사람들은 여러 SNS 매체를 통해서 한국을 많이 알고 있었고, 관심도 많았다. 그들은 자신이 좋아하는 K-POP를 응원하기 위하여 기본적인 한국어를 알고 있었다. 모두라고 말할 수는 없지만 주로 대화를 나눴던 사람들은 여자였다. 그들은 수많은 아이돌 중 어느 특정 남자 아이돌을 좋아했었는데, 그룹 이름만 말했는데도 열광의 도가니가 따로 없을 정도로 팬심이 두터웠다. 그들과 반대로 나는 K-POP 아이돌에게 관심이 없어서 몰랐지만, 그들이 이야기하는 것만 들어도 그 가수가 이곳에서 얼마나 대단한 존재인지 느낄 수 있었다.

30대~40대였던 사람들은 한국드라마, 문화, 음식, 기본적인 한국어 등에 관심이 많았고, 자세히 알고 싶어 했다. 관심이 높았던 만큼 그들은 한국을 이해하고 배우려는 의욕이 넘치다 못해 활활 타올랐다. 그 정도로 그들은 한국을 궁금해했다.

여러 관심목록 중 하나가 한국 언어와 문화였다. 한국어나 한국 문화를 전문적으로 설명해주는 선생님이 아니었기에 내가 알고 있는 상식들을 최대한 쉽게 설명해주려고 노력했다. 간단한 영어 회화뿐만 아니라, 예시 사진, 핸드폰 번역기 등을 통해 조금 더 자세하게 알려주었다. 그분들은 나의 미숙한 설명에도 귀담아 들어주셨다. 그리고 한 글자 한 글자 적으며 이해하시고 기억하려고 노력하시는 모습이 보여서 그분들에게 더없이 감사했다. 감사한 마음이 컸던 만큼 더 쉽게 또는 더 많이 알려드리지 못했던 것 같아, 미안한 마음도 함께 있었다. 그러나 그분들이 한국을 이해하고 나서 표현했던 감정들이 굉장히 해맑으셨다. 어린아이가 기뻐하는 모습처럼 해맑아 보이셔서 우리나라를 알려준 사람으로서 대단히 뿌듯했다.

한국어와 한국 문화 외에 인기 있는 대화 주제는 한국드라마였다. 이 주제는 30~40대 사람들뿐만 아니라 20대도 관심이 많았다. 한국에 있었을 때는 한국드라마가 이렇게까지 재미있고 유명한 것인지 잘 몰랐다가 이곳에 와서 알 수 있었다. 그들이 말하기를 한국드라마는 흥미진진한 내용도 있지만, 그 드라마에 걸맞은 잘생기고 예쁜 배우들이 있어서 더 재미있게 본다고 이야기했다.

예를 들면 여행 중 만난 현지 사람은 지금으로부터 약 17년이 지난 한국 드라마를 최근에 보고 있다고 했다. "너무 재미있어서 그 드라마를 보다가 잠도 못 자고 날을 새어가며 열심히 보고 있는데, 아직도 다 보지 못했다. 혹시 이 드라마 네버엔딩이니?"라고 진담 반 농담 반 섞어가며 물었던 기억이 난다. 17년이나 지난 드라마를 외국인이 날을 새어가며 재미있게 봐준다는 말에 그저 신기했고 한국인으로서 기분이 좋았다.

그 외에도 이곳에 사는 현지인들은 최근에 방영된 한국드라마를 재미있게 보았는지 드라마 내용과 배우들을 끊임없이 칭찬했다. 내용이 흥미롭다고 다들 이야기했으나, 그 드라마에 나오는 잘생긴 남자주인공 이야기가 나오자 다들 열광했다. 함께 대화를 나눴던 사람들은 여자들이라서 그런지 남자주인공에 애착이 남달랐다. 마치 그 남자주인공이 자신의 남자친구인 것처럼 "그 남자는 내 것이야~ 건들자 마!"라고 놀리듯이 서로 농담하며 대화를 이어갔는데, 그 상황은 매우 웃겼다. 그들을 옆에서 지켜보는 동안 많이 웃어서 배꼽이 밖으로 빠지는 듯했다. 결국은 그를 그 누구도 소유할 수 없음을 각자 깨닫고 평화롭게 마무리되었으나, 지금 생각해도 웃음이 나온다. 친구와도 이러한 장난을 하는데, 외국인들과도 한국에서 했던 비슷한 농담을 주고받았다는 사실을 잊을 수가 없다.

이 외에도 한국드라마를 굉장히 좋아하시는 분이 있었다. 그분은 어느 여행사 여 사장님이셨다. 다른 지역으로 이동하려고 계획하던 중, 여행사에 볼일이 있어서 그곳을 우연히 찾아갔다. 그곳에는 여자 사장님 한 분이 계셨는데, 반갑게 맞아주시며 나에게 어디서 왔냐고 물어보셨다. 한국에서 왔다고 말씀드리자, 내가 그 여행사에 방문했을 때에 맞는 한국 연예계 기사를 줄줄이 읊으셨다. 그분은 누가 보아도 이곳에 사는 현지 사람처럼 보였는데, 한국 연예계 정보를 한국 사람인 나보다 더 많이 알고 있으셔서 깜짝 놀랐다.

또한, 그분께서도 한국드라마를 매우 좋아하셨고, 한국에 가면 하고 싶은 버킷리스트가 있다고 들었다. 그것은 '한국에 방문하게 된다면 또는 한국에서 산다면 최근에 방영하는 한국드라마를 매일 보는 것'이었다. 그 이유를 들어보니 이러했다. "나는 한국드라마와 한국 배우들을 좋아해요. 그래서 현재 한국에서 방영하는 본방송을 치앙마이에서도 보고 싶은데 그렇지 못한 현실이 속상해요."라고 이야기하셨다. 나 또한 한국드라마 애청자로서 그녀의 마음이 충분히 이해되었다. 그분과 더 깊은 대화를 나누면 나눌수록, 한국을 얼마나 사랑하는지를 알 수 있었다. 그리고 한국인인 내가 현지에 사는 그분을 본받아야 할 정도로, 한국을 애착하는 마음이 그 누구보다 컸다.

이러한 재밌는 경험을 통해 한국드라마나 한국 배우가 이곳에서 얼마나 인기가 많고 대단한 존재인지를 깨닫게 해준 시간이었다.

다음은 치앙마이에서 보기 귀한 분으로 한국 음식을 많이 알고 좋아했다. 그녀는 게스트하우스 룸메이트로 만났다. 그녀는 마치 한국에 살고 있고, 한국 사람처럼 '불판 위에 맛있게 구워지는 삼겹살/막창/대창, 소주, 고기와 함께 나오는 뚝배기 된장국, 그 외 매운 음식 등등' 다양한 한국 음식을 알고 있었다. 또한, 그녀가 이야기해주는 한식을 듣고 있으면, 음식 소개하는 프로그램이나 음식을 먹는 동영상을 보는 듯한 느낌이 들었다. 그 정도로 먹음직스럽게 맛 표현을 잘했다. 그런 그녀가 대단해 보였고,

외국인인데도 한국 음식을 한국 사람처럼 좋아해 줘서 감사했다.

이곳 치앙마이에는 내가 만났던 사람들뿐만 아니라 과반수가 한국을 좋아하고 관심 있게 보는 듯했다. 이곳에서 볼 수 있는 TV 광고나 프로그램, 도로에 보이는 큰 전광판, 그 외 여러 매체에서 K-POP 아이돌과 한국 배우들 모습이 보였다. 사람들과 대화를 나눴을 때도 한국의 위대함을 느꼈으나 다양한 대중매체를 통해 직접 두 눈으로 확인해보니 더욱더 신기하고 우리나라가 자랑스러웠다.

내가 단지 한국 사람이라는 이유로 현지인들과 많은 이야기를 나눴고, 오로지 한국이라는 주제로 다양한 이야기꽃을 피울 수 있었다. 한국에서 흔하게 접할 수 있는 것들이 이곳에서는 큰 자랑거리가 되어, '한국이라는 나라의 위대함'을 다시금 깨닫는 계기가 되었다.

제4장

근교 여행 I
: '빠이'로 가다

다음 여행지는 '빠이'로 정하다

　이전 숙소에서 좋지 않은 일로 몸과 마음이 만신창이가 되기도 했고, 이곳 숙소와 주변 동네가 지루해질 때쯤, '얼른 떠나야겠다'라고 생각했다. 그래서 이동하기로 정한 장소는 근교 지역 '빠이'였다.

　하지만, 이곳을 방문해야겠다고 결심하기 전까지 고민을 많이 했다. 여행 정보를 확인해보니, 이곳으로 떠나는 과정이 길고 험난하여 굉장한 모험이 될 것 같다고 생각했다. 또한, 관광하기 편하고 살기 좋은 치앙마이처럼 잘 갖춰진 곳이 아니라, 조그마한 시골 동네 같은 곳이라는 사실 때문에 더욱 모험이 될 거 같았다. 여러 가지 고민 중 제일 걱정되었던 부분은 그곳을 가기 위한 교통이었다. 가는 길도 험하다고 들었는데, 오토바이크를 빌려 이동하거나 미니 밴(차량 모습을 비유하자면, 미니 봉고차같이 생긴 차량이다)을 이용해야 한다는 사실에 걱정이 많았다.

다행히도 치앙마이에 처음 왔을 때 빠이를 다녀온 사람들이 많았고, 그곳을 다녀온 사람들이 '배낭여행의 성지'라고 부를 정도로 유명해진 명소였다. 그래서 관련 여행상품도 많다는 것을 알 수 있었다. 이러한 정보를 알고 안심하고 다녀와도 괜찮겠다고 생각했다.

다음 여행지를 빠이로 정한 다음, 그곳을 가기 위해 차례차례 준비했다. 먼저, 그곳까지 안전하게 이동할 교통수단이 필요했다. 그래서 숙소 근방에 있는 다양한 여행사나 숙소 리셉션 등 여러 발품을 팔아보니, 대략적인 금액과 교통 정보를 수집할 수 있었다.

수집한 결과, 공항은 있으나 그 공항에는 폐쇄되어 비행기가 없었고, 시외버스/고속버스조차 운행하지 않았기에 '미니 밴 또는 미니버스처럼 생긴 프렘프라차'라는 교통수단을 이용해야 했다. 그 외에는 오토바이크를 직접 운전해서 그 험난한 길을 가야 했다.

한정적이었던 교통수단 중 프렘프라차 외관과 비슷한 미니 밴을 선택했고, 평균 금액은 약 180~200바트였다. 어느 곳을 방문해도 비슷했기에, 내가 원하는 여행사에 가서 예약만 하면 되었다. 예약 시에는 여권만 지참해 가면, 원하는 일정, 이름, 머무는 숙소 등 꼼꼼하게 확인하여 원활한 예약을 할 수 있었다.

다행히도 발품을 팔아 적당한 금액에 맞춰 예약했으나, 여러 곳으로 정보를 알아보러 다닐 때 황당한 일이 있었다. 그곳은 미니밴 또는 프렘프라차 예약 금액을 첫 번째로 문의했던 곳이었고, 처음 방문한 숙소의 리셉션이었다.

숙소에서 프런트를 지키고 있었던 사장님께 빠이로 가는 미니밴이나 그 외 대중교통 그리고 금액도 여쭤보았다. 그분의 대답은 "예약 금액이 350

바트다"라고 알려주셨다. 그분 말을 처음 듣는데, 생각보다 너무 비싸서 나는 "진짜요?"라고 되물었고, 그분은 "이 금액이 어딜 가나, 평균적인 금액이다. 예약하고 싶으면 내일 오전에 여행사를 통해 예약해주겠다."라고 말씀하셨다.

이전에 인터넷에서 알아본 금액이랑 그곳에서 알아본 금액 차이가 크게 나서 다음 날, 이 금액이 평균적인지 적당한지 확인하려고 여러 여행사를 다니며, 상담을 받았다. 그 결과는 180~200바트 정도면 미니밴을 충분히 이용할 수 있다는 사실을 알았다.

맨 처음에 알아보았던 숙소 리셉션 금액이 추가 수수료가 붙은 금액이라 생각을 해도 아무것도 알아보지 않고 바로 예약했다면 후회했을 것이다. 그리고 그 숙소에서 알아본 첫 정보 덕분에 다른 곳도 열심히 탐색하다 보니, 어느 곳보다 친절하고 신뢰가 되었던 여행사를 찾을 수 있었다. 그리하여 적당한 금액으로 빠이를 갈 수 있었다.

계획하는 과정이 조금은 번거로웠지만, 부지런히 움직이면 더 좋은 열매를 맺을 수 있다는 교훈도 얻었다. 고심 끝에 정한 빠이, 그리고 수고스러웠던 미니 밴 예약도 정상적으로 완료하여 걱정 없이 즐거운 마음으로 떠날 준비를 했다.

험난했던 빠이 행 미니밴 타기

　드디어 여행사에 예약했던 미니 밴을 타는 날이 왔다. 안타깝게도 험난한 여정이 나를 기다리고 있었다. 그 여정은 경사가 급했는데 비 포장된 도로도 있었고, 엄청나게 굽이진 커브 길을 3시간 30분 동안 이동해야 했다. 이 여정이 조금 두려워서 미니 밴을 타기 전에 검색했는데, 여러 주의점과 사례가 있었다. 글로도 설명했고, 그림을 그려서 한 번 더 강조했다. 그 주의점 내용은 되도록 조수석이나 최대한 앞자리를 차지해야 하고, 귀밑에 멀미약 꼭 붙여야 하고, 탑승하기 30분 전에 멀미약도 꼭 먹어야 한다고 알려줬다. 미니 밴을 타본 사람들은 모두 이와 같은 내용으로 강조했다.

　또한, 다행히도 나에게는 이러한 일이 없었으나, 미니 밴을 이용한 어떠한 사람이 황당했었던 사례 글을 읽었다. '운전기사도 잘 만나야 한다'라는 조언과 어느 미니 밴 운전 기사님에 불친절함을 알리는 내용이었다. 그 사람은 미리 멀미약도 먹고 귀밑에 약도 붙이기까지 했는데 차를 타고 멀미가 나자 기사님께 잠시 차를 세워 달라고 요청했다고 한다. 그런데도 끝까지 거절하다가 큰 금액을 주자 그때 서야 차를 정차해주셨다는 이야기였다.

생각만 해도 정말 아찔했던 사례였다. 실제 상황을 본 것은 아니었으나, 이런 기사님을 나도 부득이하게 만나게 될까 봐 미니밴에 타기도 전에 겁을 잔뜩 먹었다. 그런 기사님도 무서웠지만, 길이 험난하다는 사실도 알기에 솔직히 더 무서웠다. 이처럼 비슷한 사례가 여러 개가 있어서 '이런 일이 남 일이 아니겠다'라는 생각을 했고, 몸과 마음을 단단히 준비하고 미니밴에 올라탔다.

이처럼 만반의 준비 끝에, 미니 밴에 앞자리 조수석을 차지했고 한참 동안 눈을 감고 이동했다. 처음에 멀미하지 않으려고 눈을 감았지만, 초반에는 길이 평탄하여 힘들지 않았다. 그러나 안심했던 것도 잠시 길이 급격하게 경사지고 꼬불꼬불 굽어지기 시작했다. 그 험난한 길을 오랜 시간 동안 함께해서 만만치 않다는 것을 몸소 느꼈다. 그때 난 그 커브 길이 몹시 힘들게 느껴져 눈을 감고 이동했는데, 내 뒤에 앉아 있었던 사람들은 이 여정이 힘들지 않고 즐거웠는지 노래를 부르고, 간식도 나눠 먹으며 어린아이가 소풍 가는 모습처럼 신이 나 보였다. 같은 차를 탔는데도, 그들과 나는 상반된 모습이었다.

험난한 여정 중 산 중턱에 이르자 기사님이 차를 정차하여 약 20~30분 동안 쉴 수 있었다. 계속 눈을 감고 있어 침침해진 눈을 비비며 눈을 떠보니, 정차한 그곳은 자그마한 휴게소가 있었다. 휴게소를 보자마자 놀랐던 이유는 길도 험난하고 산 중턱도 꽤 높았는데, 이런 곳에 휴게소가 있을 거라고 상상하지 못했기 때문에 그곳이 신기했다.

이 휴게소도 한국 고속도로에 있는 휴게소와 비슷한 모습이었다. 휴게소에 가면 주로 찾는 기본적인 시설들과 물건들이 있었다. 예를 들면 남녀 화장실, 다수가 앉아서 쉴 수 있는 의자와 테이블, 주문이 가능한 여러 음식, 과자, 음료수, 아이스크림 등이 잘 갖춰져 있어 편리했다.

이외에도 한국 휴게소와 비슷한 점이 있었다. 동네 마트에서도 판매하는 물건이 이곳에 있으면 조금 더 비쌌다. 한국 휴게소도 같은 물건을 조금 더 비싸게 판매하듯이 이곳도 비슷했고, 이 휴게소 위치가 유통하기 어려운 곳이라 생각했기 때문에 충분히 고려할 수 있었다.

경치 좋고, 공기도 좋은 휴게소에서 미니 밴 운전 기사님은 엄청난 양의 음식을 섭취하며 휴식을 취했고, 같이 탑승했던 사람들과 나는 출출한 배를 채울 수 있는 요깃거리를 먹으며 한숨 돌렸다.

그렇게 각자의 방식대로 휴식 시간을 보내다가, 출발할 시간이 되어 끝내지 못한 여정을 이어갔다. 대략 2시간 정도 꼬불꼬불한 커브 길을 거쳐 간 후에야 원하는 목적지에 도착할 수 있었다. 도착하자마자 안도감과 동시에 기뻤으나, 이곳에 도착했을 때 내 몸 상태는 좋지 않았다. 미니 밴을 탔을 때 긴장을 많이 했었는지 누군가에게 두들겨 맞은 듯이 온몸이 찌뿌둥했고, 마음도 지쳐있었다. 피곤함에 찌든 몸과 미니 밴에 실어놓았던 짐을 이끌고, 예약한 숙소를 찾아갔다.

그날 하루는 '험난한 미니 밴 타기'를 마지막 일정으로 하여, 숙소 침대에서 온종일을 뒹굴뒹굴했다. 걱정과 긴장도 많이 했었지만, 우려했었던 일들이 일어나지 않아 다행이라 생각했다. 또한, 빠이에서 치앙마이로 되돌아올 때는 이전에 겪었던 다양한 경험들이 도움이 되었는지 미니 밴을 타고 내려오기가 쉬웠다.

처음이라서 긴장을 많이 했으나 돌이켜보면 빠이로 떠나서 미니 밴도 처음 타보고, 산중 턱에 있는 휴게소도 가보고, 그 외 다양한 경험을 할 수 있어서 이번 여정이 뜻깊었다. 그리고 역동적이었던 미니 밴을 왕복으로 탔기에 다시 탄다면 능숙하게 잘 탈 수 있을 거 같고, 이와 비슷한 대중교통도 용기 내어 탈 수 있을 거 같다.

우연히 만난 재즈 축제

빠이와 텔레파시가 통했는지, 지친 나를 위해서 빠이에서 이색적인 축제가 열렸다. 간단한 정보만 알고 갔는데, 정말 우연히도 빠이에 도착한 날부터 내가 그곳을 떠날 때까지 축제가 열렸다. 축제가 시작했던 당일에는 피곤함에 지쳐서 숙소 밖을 나가지 못했다. 다음 날 밖을 나가보니 축제가 활발히 진행되고 있었다.

한편으로는 이러한 우연이 정말 신기했다. 축제만을 온전히 바라보며 빠이를 찾아온 의도가 아니었는데, 축제 일정과 내 여행 일정이 딱 맞아떨어졌다는 사실이 희한했다. 다른 사람들은 이 축제를 즐기기 위해 손꼽아 기다렸다가 빠이를 방문했었다고 들었는데, 나는 그들과 전혀 다른 상황이라서 얼떨떨했다. 빠이에 방문하기 전, 고생했던 것들을 보상해주려고 신께서 나를 이곳으로 데려 와준 듯했다.

빠이에서 열렸던 축제의 주제는 재즈 축제로 3일 동안 열렸다. 축제는 낮과 밤을 기준으로 정해진 시간과 장소가 있었다. 그리고 낮과 밤에 따라, 분위기가 180도 달랐다. 축제는 대부분 카페나 서양식 선술집에서 가수들이 2시간 정도 공연을 했고, 빠이에서 열리는 재즈 축제가 유명한 축제였는지 방송사 로고가 붙여진 여러 대 카메라로 촬영하는 모습을 가끔 보았다.

재즈 음악 분위기가 낮과 밤에 따라, 온도 차가 있었는데, 차분했던 재즈 음악 먼저 이야기해보려 한다. 뜨거운 햇볕이 내리쬐는 낮, 빠이에서 유명한 카페를 찾아가면 잔잔한 재즈 음악을 라이브로 들을 수 있었다. 대낮 온도는 몹시 뜨겁고 더워서 길을 걸어 다니는 사람들이 거의 없었으나, 공연하는 장소에는 날씨와 상관없이 사람들이 항상 많았다. 이 공연을 편하게 듣기 위해서는 공연 시간보다 미리 와서 자리를 잡아놔야 했고, 입석한 사람들 수도 많았을 만큼 인기가 많았다.

라이브로 연주하는 노래들은 이곳에서 처음 들어보았는데, 내게 좋게 들렸고 많은 사람이 좋아할 법한 재즈 음악이었다. 그리고 인상적이었던 부분은 이곳에 있었던 사람들 반응이었다. 연주 음악이 너무 좋았는지 조용히 감상하고 연주가 끝나자마자, 주위에서 환호성이 터져 나왔다. 그 모습은 마치 거대한 공연장에서 공연을 멋지게 마친 가수에게 다양한 형태로 환호성을 보내는 모습처럼 뜨거운 반응을 보였다. 음악가에게 박수를 보내거나, 손을 이용한 휘파람을 힘차게 불며 아낌없는 찬사를 보냈다. 나도 이 음악을 듣고 그들과 같은 감정을 느꼈기에 힘찬 환호성을 음악가에게 보냈다.

해가 지고 어둑어둑해질 때쯤이면 낮과 온도 차가 있는 재즈 음악으로 공연이 시작된다. 저녁과 밤에 공연하는 재즈 장르는 몰려오는 잠도 싹 달아날 정도로 쾌활하고 쩌렁쩌렁한 록(Rock) 재즈였다. 주로 화려하게 꾸며진 개방형 선술집에서 라이브 연주를 했고, 드럼, 록(Rock) 기타 등 잠재되어 있던 흥을 끌어올릴 수 있는 악기들을 활용해서 신나는 무대를 꾸몄다.

저녁과 밤에 하는 공연은 사람들이 관람하는 방식이 낮 공연과는 조금 달랐다. 앉아서 재즈 음악을 즐기고 있는 사람이 있는가 하면, 야외 공연을 관람하듯 사람들이 오랜 시간 동안 서서 안에서 들려오는 라이브 음악에 함께 호응하며 흠뻑 취해 있었다. 그리고 차분한 낮 공연과는 다르게 이 공연은 노래 시작부터 끝이 날 때까지 끊임없는 환호성으로 시끌벅적했다. 그야말로 진짜 축제가 열린 듯한 분위기였다. 공연하는 음악가와 함께 노래를 부르거나 흥얼거리는 등 이외에도 다양한 방법으로 음악가와 호흡을 맞추며 사람들은 마음껏 재즈 음악을 즐겼다. 나는 쾌활한 공연도 굉장히 신이 났지만, 이 공연을 흥겹게 즐길 수 있는 사람들이 곁에 있어서 더욱더 즐거웠다.

다양함이 가득했던 재즈 축제로 느낀 부분이 많았다. 첫 번째는 이런 음악 장르를 전혀 몰랐지만, 이 축제를 통해 예전에 경험해보지 못한 재즈 음악의 매력을 알 수 있었다. 두 번째는 재즈 음악이 어렵게 다가오기보단, 대중가요처럼 쉽게 듣고 즐길 수 있었다. 세 번째는 몸도 마음도 많이 지쳤을 시기에 단비와 같은 재즈 축제가 있었기에 힘을 낼 수 있었고, 덕분에 3일이라는 여정이 더욱더 알찼다.

이처럼 재즈 음악과 같이 축제도 굉장히 좋은 추억으로 남았기 때문에 한국에 돌아갔을 때 각종 지방 축제나 행사를 찾아 자주 다녀야겠다고 생각했다. 과거에는 축제라 하면, 사람만 많고 상업적인 부분이 많이 보여서 좋지 않게 생각했었는데, 이 계기를 통해 축제를 자주 찾아보고 방문해야겠다. 찾아다니다 보면, 나에게 맞는, 나와 어울리는 축제와 행사를 찾을 수 있을 거 같다.

'재즈'라는 음악의 장르와 '축제'의 묘미를 함께 알게 해준 "재즈 축제야! 고맙다!"

차디찬 빠이 사람들

빠이에 도착하여 처음 발을 내디뎠을 때, 그곳 현지 사람의 첫인상이 차가웠다. 첫 숙소 리조트에서 만난 직원부터 편의점 직원, 거리에 즐비한 음식점과 상점 등등 전반적으로 인상이 무서웠다. 원래 이곳 분위기가 그러한 것인지는 잘 모르겠으나, 이전 치앙마이에서 느꼈던 상냥함은 없었고, 그들의 이마엔 항상 내 천(川)자를 그리고 있었다. 그래서 어딜 방문할 때마다 그들의 눈치가 보였다.

처음 방문한 숙소 프런트에서 만난 직원들이 여러 명 있었는데, 모두 다 한결같이 인상이 차가웠다. 그곳 직원들끼리는 친화력 있게 웃으며 소통하는데, 정작 찾아오는 사람에겐 무표정한 얼굴로 눈 하나 마주치지 않는 모습이 보였다. 많은 걸 바란 것은 아니었는데, 그들의 차가운 태도에 서운했다. '왜 저렇게 행동하지? 또는 내가 뭘 잘못했나?' 등 오만가지 생각이 들었다. 빠이에 있는 모든 사람이 그런 모습을 보인 것은 아니었으나,

이 숙소 외에도 편의점 직원과 몇몇 잡화점 직원의 삭막함, 음식점 직원들, 저녁 또는 밤의 길거리를 장식했던 상인들 등등 이들은 빠이에서 만났던 사람 중에 따뜻함이 인색했다.

그들이 나에게 아부하듯이 살갑게 해달라는 건 아니었지만, 처음 만날 때부터 무서운 얼굴로 또는 무표정으로 나를 바라보고 있어서 나도 모르게 위축되었다. 그리고 그들과 함께 있으면 따뜻했던 감정 온도는 냉기가 느껴질 정도로 차가워져서 그들과 함께하는 시간이 불편했다. 이곳에서 오랫동안 머물고 점차 시간이 지나면 그들과도 친해질 수도 있겠지만, 그 당시에는 그렇지 못해서 아쉬웠다. 그들이 조금 더 온화했었더라면 수월하게 친해지지 않았을까 싶다.

그들이 안겨주는 차가움에 나의 감정을 보호하고자, 로봇처럼 감정 없이 생활했다. 빠이로 온 지 한 2일이 지나고 숙소 위치를 옮겼더니, 다행히도 따뜻한 마음을 지닌 몇몇 사람을 만나게 되었다. 그래서 로봇처럼 딱딱해졌던 나의 감정도 점점 부드러워지기 시작했다.

바쁘게 돌아가는 한국 사회 속에서 사람에 따라 감정 온도가 확연히 드러나듯이 이들의 모습도 꽤 비슷해서 깜짝 놀랐다. 이처럼 놀랐던 이유는 태국을 여러 번 방문했지만, 이러한 감정 온도는 처음이라서 매우 당황했다. 그러나 빠이에는 '언제나 따뜻하고, 그런 마음을 누구에게나 나눠주는' 그들이 곳곳에 숨어있어서 매우 반가웠다.

나중에 빠이에 다시 놀러 가서, 차가움을 장착했던 그들을 재회할 수 있다면, 부디 서로가 포근한 눈빛과 온화한 얼굴로 만나 반갑게 인사하면 좋겠다.

두 번째 숙소에서 만난 다정다감한 사람들

빠이 현지 사람의 무뚝뚝함에 지쳐 나의 정서도 데면데면해질 때쯤, 잠시 숨겨두었던 몽글몽글한 나의 따뜻함을 다시 꺼내줄 사람들을 만났다. 그들은 두 번째 숙소에서 만났다. 빠이에 처음 와서 숙소를 알아보러 다닐 때 만났던 젊은 남자 직원분과 숙소를 항상 깨끗이 관리해주시는 주인 할머님과 주인 할아버님까지 모두 다정다감하셨다.

이곳에서 처음 만났던 사람은 젊은 남자 직원분이었다. 나와 처음 만났는데도, 마치 매일 만나 온 사이처럼 친근하게 느껴졌고, 그의 한국어 실력이 유창했다. 그와 숙소에 관련된 이야기를 하기 전, 내가 한국 사람임을 알자마자 그는 꽤 능숙한 한국어로 나에게 말했다. 동시에 영어로 소통해도 전혀 문제가 없는 상황에서 국적이 다른 상대방을 위해 배려해주는 모습이 보였다. 그래서 그가 멋있었고, 세심한 배려에 감동했다. 나중에 알고 보니 그는 중국 사람이었고, 한국어뿐만 아니라, 중국어, 태국어, 영어 등 총 4개 국어가 가능했다. 그가 한국어를 배우게 된 동기는 한국 사람을 좋아해서 독학으로 배웠고, 한국 사람들이 이 숙소에 놀러 와서 가르쳐 주는 한국어로 조금씩 배우다 보니, 한국어를 아주 조금 안다고 했다. 그러나 내가 듣기에는 아주 조금이 아니라 한국어 실력이 일취월장이었다. 그가 3자리 이상 숫자를 한국어로 세는 모습을 보았는데, 너무 놀라서 입이 다 물어 지지가 않았다. 체크인 이후에도 이곳이 처음이라서 낯설어하는 나에게 '이곳에서 재즈 축제를 하니 함께 즐기러 가자'라며 먼저 말 걸었고, 혼자 커피 마시러 카페에 갔는데 우연히 마주쳤을 때도 저 멀리서 반갑게 손을 흔들며 인사했다. 이 외에도 그의 다정한 모습에 내 마음은 따뜻해졌다.

그리고 그 숙소에 계셨던 주인 할머님과 주인 할아버님도 나에게 다정하셨다. 두 분 중 할머님을 먼저 소개하려고 한다. 할머님께서도 젊은 남자 직원분 못지않게 친절하셨는데, 나와 소통할 수 있는 언어가 없어서 조금은 안타까웠다. 할머님도 중국분이셔서 중국어, 태국어만 가능하셨다. 그래서 할머님과 깊은 대화를 나누지 못했으나 언제나 밝은 표정, 다정한 눈빛과 행동으로 할머님의 마음을 표현해 주셨다. 말로 표현해 주시지 않았어도 나는 그 따스함을 온전히 느낄 수 있었다. 할머님이 계셔서 너무나 따뜻했고, 진심으로 감사했다.

다음은 할아버님 이야기이다. 할아버님께서 이 숙소에 계시는지 모르고 숙소 생활하던 중, 부탁하고 싶은 부분이 있어 젊은 남자 직원분을 애타게 찾고 있었는데, 그런 내 모습을 보셨는지 할아버지께서 먼저 다가와 주셔서 그 문제를 빠르게 해결했다. 처음 뵈었던 할아버님께서도 중국분이셨고, 중국어, 영어, 태국어 등 3개 국어를 할 줄 아시는 멋지신 분이었다. 첫 만남 외에도 다른 공간에서 만날 때마다 할아버님께서 밝은 얼굴로 인사해주셨고, 궁금한 점이 있어서 여쭤보면 자세히 알려주시고 친절하게 설명도 해주셨다. 그래서 할아버님께 진심으로 감사했고, 할아버님이 이 숙소에 계셔서 언제나 든든했다.

또한, 빠이에서 마지막 날이 되어, 모든 짐을 갖고 나와보니 거실 바닥을 빗자루로 쓸고 계시던 할아버님을 만났다. 할아버님께서는 내가 빠이를 떠난다고 하니, 헤어지기가 아쉬우셨는지 잠시 입담을 늘어놓으셨다. 나랑 한방에 묵었던 중국인 여자가 따님이라고 말씀하시며 딸에 대한 재미있는 이야기, 내가 떠나는 날 그 젊은 직원분이 이곳에 없는 사연 등을 상세하게 이야기해 주셨다. 짧고도 긴 이야기가 서서히 끝날 때쯤, 지금 어디로 여행가냐며 물어봐 주시고 다음에 또 만나자며 살갑게 인사를 해주셨다. 그렇게 마지막 대화를 마치고 아쉽지만, 떠날 시간이 되어 숙소를 떠났다.

빠이 첫 여행이라서 시행착오가 있었으나, 다정다감했었던 그들을 만난 후로부터는 무엇을 해도 마음이 행복했다. 그래서 빠이 여행을 생각하면 두 번째 숙소에서 만났던 그분들이 제일 먼저 떠오른다. 만약 빠이에 다시 찾아가게 된다면, 제일 먼저 그들에게 찾아가 인사를 드리고 싶다. 그 만약을 기약하며 모두 몸과 마음이 건강했으면 한다.

빠이에서 숙소 예약할 때 주의점 되도록, 성수기가 아닐 때는 현장 방문하여 숙소 예약을 추천한다. 그 이유는 방문하기 이전에 예약했을 때 숙박비와 현장 방문하여 예약했을 때 숙박비가 어느 정도 차이가 있기 때문이다. 현장 방문 예약 시 20~100바트 정도 더 저렴하기에 이점을 참고했으면 한다.

빠이에서 만난 자전거와 함께하기

숙소 동네보다 조금 더 멀리 있는 곳을 둘러보기 위해 자전거에 올라탔다. 빠이에서 유명한 관광지를 방문하려면 스쿠터를 대여하거나 툭툭이, 택시, 또는 여행사를 통해 갈 수 있었다. 빠이에 도착했을 때 내 몸의 건강과 기분 상태가 좋았더라면 투어를 신청했을 텐데, 그 반대 상황이라서 휴식을 취하는 것을 선택했다. 그곳에서 여유롭게 시간을 보내다 보니 어느새 몸이 조금 더 가뿐해졌고, 가볍게 여행하기를 원하여 숙소에서 빌려주었던 자전거를 타고 어디론가 떠났다.

마음은 가볍게 떠나고 싶었으나 몸이 잘 따라주지 않아서 처음에는 많이 넘어졌다. 그 모습을 비유하자면 두발자전거를 처음 배우는 아이와 같이 앞으로 나아가고 싶은데 자꾸자꾸 넘어지고 이유 없이 자전거와 함께 쓰러졌다. 그랬던 이유는 아마도 오랜만에 자전거를 타기도 했고 운동신경이 둔하여, 계속 넘어진 듯했다. 이런 나의 모습을 계속 지켜보셨는지 저 멀리서 아저씨 한 분이 내가 있는 곳을 바라보며 안쓰러워하는 표정을 하고 계셨다.

이곳에서 처음 만난 자전거와 함께 30분 넘도록 씨름을 하면서 어느새 자전거와 친해졌다. 그렇게 친분이 쌓인 후에는 중심도 잘 잡았고, 앞으로도 나아갈 수 있었다. 자전거 타기에 자신감이 붙었을 때쯤 나는 정해진 목적지 없이 상황에 따라 페달을 힘차게 밟았다.

자전거를 타고 주변을 보니 걸어 다닐 때와는 또 다른 풍경이 보였고, 새로웠다. 걷기에는 너무 멀어서 방문하지 못했던 곳들도 자전거를 타고 가보니 굉장히 좋았고, 이전에 느끼지 못했던 빠이만의 색다른 모습을 만날 수 있어서 즐거웠다. 자전거를 타고 꽤 여러 곳을 다녀왔는데, 그중 나만 알고 싶을 정도로 좋은 장소를 우연히 발견했다. 그곳은 나무들로 둘러싸인 푸르디푸른 넓은 목장처럼 보였고, 그 목장에는 여러 마리의 소들과 닭 그리고 병아리들이 모여있었다. 그 옆에는 사람들이 걸어 다닐 수 있는 인도가 따로 있었으나 한 사람도 없이 고요했다. 평소에 자주 접하지 못한 장소라 꿈꾸는 듯했다.

이곳을 방문하기 전에 있었던 곳은 항상 사람들이 많았고 그 외의 환경도 번잡했다. 그곳에서 계속 머물다가 정반대인 장소를 찾아오니 기분이 이상했다. 말로는 표현할 수 없는 행복감이 느껴졌다. 또한, 한적하고 자연 친화적인 곳을 찾아와서 그런지 나의 온 감각들이 이곳을 반기는 듯했다. 그 당시 날씨가 매우 습하고 더웠지만, 그 목장에 있는 동안은 더위를 잊은 채 시시때때로 자연스러운 웃음과 미소가 입 밖으로 새어 나왔다. 그곳이 나의 온 감각이 반기듯, 나의 마음도 굉장히 끌려서 약 20분 동안 머물렀다. 그곳에서 한없이 자전거 타고, 가만히 앉아 그 광경을 멍하니 바라보다가 다시 숙소로 돌아갔다.

그때 자전거로 이리저리 돌아다니며 느껴졌던 감정들 생각해보면, 평소에 자전거를 자주 타지 않아서 이번 경험이 더 특별했고, 멋진 장소와 풍경도 함께 있어서 나의 좋은 감정들이 더욱더 극대화된 듯했다. 한국으로 돌아온 후 가끔은 빠이에서 탔던 자전거와 그 추억이 떠올라서, 그때 그 기분을 다시 만끽하고자 집 앞 천변에서 자전거를 탄다. 빠이에서 느꼈던 그 감정을 온전히 느낄 순 없지만, 그 계기로 평소에 멀리했던 자전거와 어느새 절친이 되었다.

제5장

근교 여행 II
: '치앙라이'로 가다

치앙라이에 가기 전, 찾게 된 한식

우리나라 한국 음식에는 미안하지만, '정말, 많이, 매우, 굉장히'라고 수식어가 덧붙여질 만큼 타국에 온 지 15일 만에 그 음식이 처음 생각났다. 그 이유는 내가 좋아하는 현지 음식들이 이곳에 매우 많았고, 그 음식들이 정말 맛있었기 때문이다. 그러나 한식 사진을 접하고 나서는 달라졌다. 치앙라이로 떠나기 전에 본 음식점 메뉴판에는 빨간 국물로 만들어진 자글자글한 찌개와 정식들, 흰쌀 밥 위에 새빨간 고추장과 여러 채소가 에워싼 비빔밥, 빨갛고 매콤한 소스로 만들어진 떡볶이, 이와 함께 먹으면 더 맛있는 김밥 등 이 음식들 밖에도 다양한 한식이 있었다.

그렇게 마주친 사진 속 수많은 음식은 나를 유혹했다. 그 당시 만났던 음식들은 아주 먹음직스럽게 보였고, 순간 눈이 확 뒤집혔다. 매력적인 유혹에 이끌려서 도착했던 음식점에는 시골에서 느낄 수 있는 구수하고 담백한 향이 풍겼다. 난 이미 이 향의 정체를 정확히 알고 있어서 몸이 먼저 반응했다. 의도치 않게 나의 침샘은 마구마구 솟구쳤고, 배에서는 끊임없이 음식을 내놓으라고 소리가 났다.

　그곳에서 주문되는 음식들을 모두 다 맛보고 싶었지만, 그럴만한 여건이 되지 않았고 나의 배가 많은 양에 음식을 받아주질 못해서 신중하게 골랐다. 여러 음식 중 빨간 고추장에 끌려 비빔밥을 선택했다. 기다림도 잠시 음식이 바로 나왔고, 나는 허겁지겁 먹기 시작했다. 며칠 동안 한 끼도 못 먹은 사람처럼 열심히 먹었다. 그렇다 보니 그릇 속에 가득했던 음식들은 점점 없어져 갔고, 바닥이 보일 때쯤 이성을 찾을 수 있었다. 맛있게 또는 열심히 먹어서 나의 배는 볼록하게 나와 있었다. 과거에 이런 내 모습을 보았다면 숨기기 바쁘고 '내가 왜 이렇게 많이 먹었지?'라며 후회했었는데, 이곳에서는 이상하게도 맛있게 먹고 난 뒤 볼록하게 튀어나온 배가 부끄럽지 않고 자랑스러웠다. 그리고 굉장히 맛있게 먹어서 "아! 잘 먹었다"라고 혼잣말이 저절로 튀어나왔다.

　방문했던 곳이 치앙마이에서 맛집도 아니고, 타국에서 만든 비빔밥이라서 약간은 부족했다. 그러나 그곳에서 맛보았던 비빔밥은 지금까지도 환상적인 맛이었다. 그 맛은 마치 한국에서 상다리 부러질 만큼 푸짐하게 나오는 한정식을 맛보는 듯했다. 그 정도로 나에게 있어서 굉장했다.

　그래서 치앙마이에서 처음 맛본 한식 이후로는 한국 음식점을 자주 찾았고, 이 계기로 그곳에서 맛보았던 한식의 잔상이 아직도 남아있다. 타국에서 맛보았던 여러 한식과 한 달 살기를 하면서 방문했던 한국 음식점 풍경들이 때때로 떠오른다.

　그때 그곳에서 맛보았던 음식 덕분에 한식 소중함을 느낄 수 있었고, 나라는 사람은 뼛속부터 한국 사람이라는 자긍심을 다시금 일깨워 주는 계기가 되었다.

치앙마이에서 만난 공중화장실

치앙마이에서 만났던 공중화장실은 돈을 내야 사용할 수 있었다. 치앙 라이로 떠나기 전 치앙마이 고속버스터미널에서 만났던 화장실, 치앙라 이로 떠나는 중간에 만났던 휴게소 화장실에서 경험했다. 그 외도 외국인 들이 자주 방문하는 공중화장실에서 이러한 상황을 마주했다.

이곳을 만나기 전에 방문했던 여러 상점에 있는 화장실은 사용료를 받 지 않았는데, 이러한 공중화장실에서 '이 화장실을 이용하려면 돈을 내야 한다'라는 상황에 당황했다. 평소에 겪을 수 있었던 화장실 문화였거나 또 는 치앙마이에 와서 이런 상황을 계속 겪어왔다면 이해할 수 있는 부분이 었으나, 이런 일을 이곳에서 처음 겪어서 기분이 좋지만은 않았다. 되려 당황스러웠다.

대부분 공중화장실 입구 앞에는 길거리 상점 같은 공간이 따로 있었다.

화장실 사용료를 받는 직원이 있었고, 그 직원 앞에는 화장실을 이용할 때 필요한 다양한 용품들이 진열되었다. 이와 같은 화장실을 자주 이용하지 않았지만, 정말 급하고 어쩔 수 없을 땐 소량의 돈을 내고 사용했다.

처음으로 돈을 내고 사용했던 치앙마이 고속버스터미널 화장실은 다행히도 청결한 편이었다. 하지만 치앙마이에서 치앙라이로 떠나는 중간에 만났던 휴게소 화장실은 나에게 있어서 난관이었다. 청결 관리가 안 되어 시설이 다소 지저분했고 약간 냄새가 나는 듯했다. 그리고 양변기가 아닌, 물을 떠서 흘려보내는 수세식 형태라서 그곳을 이용하기가 어려웠다. 예전에 사용한 경험이 있지만, 오랜만에 느껴보는 화장실 구조라서 불편했다.

그 경험을 끝으로 수세식 형태의 화장실은 더는 만나지 않았다. 다만 이러한 화장실을 또다시 만날까 봐 어디론가 멀리 이동할 때는 항상 조심했다. 물 마시는 것부터 먹는 것 하나하나 신경 썼다. 한 달 살기를 하면서 무료 화장실, 유료 화장실 모두 다 사용해본 결과, 무료로 사용했었던 화장실이 더 청결하고 시설도 편하다는 사실을 알 수 있었다.

돈을 내야 사용할 수 있었던 공중화장실을 처음 보았을 때는 매우 당황했으나, 시간이 지나 그곳을 다시 생각해보니 좋은 취지로든 상업적인 취지로든 소량의 돈을 받고 이용한다는 현실을 어느 정도는 이해할 수 있었다. 하지만 내가 그곳에서 겪었던 그 모습 그대로 유지하기보단, 그곳을 주로 사용하는 고객들을 위해 활용 가치가 있도록 시설과 청결을 조금 더 신경 썼으면 좋겠다. 더 나아가 더 좋은 환경으로도 발전했으면 한다.

치앙라이에서 대중교통 이용하기

치앙라이 시내에는 여러 대중교통이었으나 나는 시내버스와 성태우를 이용했다. 이 두 가지는 '백색 사원'과 '블루 템플'을 가기 위해서 탔다. 성 태우는 이전에 자주 애용했으나 시내버스는 처음이었다. 이곳 시내버스 는 주로 치앙라이 정식 버스터미널 1에서 탈 수 있었고, 버스 정류장이 따로 없었다. 만약 버스터미널 1이 아닌 다른 곳에서 버스를 이용할 때면 도로 위를 빠르게 달리는 택시를 잡듯이 기사님께 어필해야만 탈 수 있었다.

내가 경험했던 대중교통 중 가장 인상 깊었던 교통이 시내버스이다. 이 버스를 탔을 때 첫 느낌은 매우 뜨겁고 더웠다. 밖에 있었던 직원에게 목적지를 확인한 후 탑승했었는데, 버스 안은 마치 60도가 넘는 찜질방에 들어간 것 같았다. 그 정도로 후끈후끈했고 숨이 막힐 정도로 고온으로 느껴졌다. 그 당시 날씨를 생각해보면 버스가 정차했던 장소는 뙤약볕이 뜨겁게 내리쬐고 있었다. 버스 안에는 뜨거운 열기를 없애고자 하는 선풍기들이 있었는데, 손바닥만 한 크기에 선풍기 6대가 열심히 움직이고 있었다. 그리고 버스가 멈춰있는 동안 뜨겁게 달궈졌던 여러 의자에는 출발하기만을 사람들이 앉아 있었다. 이러한 상황에서도 평온하게 기다렸던 사람들이 많았으나, 나는 이런 환경이 익숙하지가 않아 조금은 불편했다. 대신 이러한 단점을 모두 고려할 수 있는 여러 장점이 있었다. 편도가 원화로 대략 570~760원 정도였고, 목적지 근처까지 데려다주셨다. 이런 장점들이 가성비 좋게 느껴졌기 때문에 불편했던 단점들을 얼마든지 참작할 수 있었다.

치앙라이 정식 버스터미널 1에는 시내버스 외에도 다른 버스들이 정차되어 있었다. 원하는 버스를 타기 위해서는 글씨나 버스의 특징을 알아야 했는데, 목적지 정보는 거의 태국어로 되어있었다. 그러나 다행히도 버스마다 색상이 여러 가지였다. 버스를 탈 때는 각 목적지에 따른 버스 색상을 보고 구별했다.

여러 버스 중 내가 처음 탔던 버스 색상은 파란색으로 백색 사원에 갈 때 탔다. 이 버스가 특이했던 점은 버스비를 받은 직원과 운전 기사님이 구분되어 있었다. 이 사실을 모르고 처음 버스를 탔을 때는 돈을 어디에 내야 하는 건지 이곳저곳 두리번거렸다. 그때 그랬던 내 모습을 보았는지 기사님께서는 내게 다가와 "버스 출발하면 돈을 받을 테니, 앉아 계세요."라고 알려주셨다. 기사님 안내대로 차가 서서히 움직이기 시작했고, 그때 조수석에 앉아 있었던 직원분이 다가와 버스비를 받아 갔다. 그 외에 버스 특징은 버스가 정차하는 곳마다 어떤 정류장인지 알려주는 기계가 없었으나, 내가 원했던 목적지까지 도달할 수 있었다. 기사님께서는 오차 없이 목적지와 가깝게 내려주셨고, 이곳이 어디인지도 친절하게 안내해주셨다. 백색 사원에 갔을 때 이처럼 좋은 서비스를 받으며 버스에서 내렸는데, 눈앞에 보였던 장소는 굉장히 넓고 휑 한 도로였다. 이곳이 초행길이라서 '여기가 어디지?' 당황스러웠는데, 그 순간 조금 전 버스 기사님과 우연히 눈이 마주쳤고 내 생각을 읽으신 듯 잠시 버스를 정차하고 내게 말을 건네셨다. "저기로 걸어가면 된다"라는 따뜻한 눈빛과 손가락으로 방향을 알려 주셨다. 그 친절함 덕분에 초행길이라서 헤맸을 나는 목적지까지 빠르게 도착할 수 있었고, 지금도 진심으로 감사드린다.

백색 사원을 즐기고 다시 터미널 1로 돌아올 때는 처음에 탔었던 파란색 시내버스가 아닌, 파란색 성태우를 타고 돌아와야 했다. 그러나 대중교통이 정차할만한 정류장은 없었다. 백색 사원을 잘 찾아갔던 여정과는 반대로 숙소로 돌아오는 길은 힘들 수도 있었는데, 그날 운이 좋았던 건지 손님을 기다리던 파란색 성태우와 기사님이 저 멀리에서 보였다. 그때 탔던 성태우는 트럭 포터를 개조한 교통수단으로 움직이는 동안 시원했고 안에는 긴 의자가 있어 여럿이 앉아 이동했다. 그 교통수단으로 터미널 1까지 안전하게 도착했다.

그다음은 초록색 버스로 블루 템플에 갔다. 이 초록색 버스 특징은 백색 사원 갔을 때 탔던 파란색 버스 옆자리에 정차되어 있었다. 그리고 파란색 버스와 같은 시내버스라서 비슷했다. 버스 내부 환경, 편도 금액, 돌아올 때 정류장이 없다는 현실, 같은 터미널에서 목적지까지 가는 방법 등 거의 다 똑같았다. 다만 어느 목적지에서 터미널 1로 돌아올 때가 달랐다. 첫 번째는 숙소로 돌아오는 여정이 쉽지 않다. 그 예로는 블루 템플을 방문한 후 다시 숙소로 돌아올 때였다. 전에 탔던 버스를 다시 타려면 처음 내렸던 곳이 아닌 반대편에서 버스를 타야 했다. 반대편으로 넘어가는 길에 차가 많아서 위험했다. 어떻게 해서 반대편으로 갔는데 이곳도 정류장이 없었고, 버스 배차 시간이 길었다. 그래서 힘들었고, 이곳에서 계속 기다려도 되는지 의문이 들었다. 그곳에서 기다린 지 대략 30~40분 정도 되었더니, 내가 그렇게 고대했던 초록색 버스를 만날 수 있었다. 그러나 정류장이 없었기에 저 멀리서 다가오는 버스 기사님께 열심히 어필해야만 했다. 두 번째는 터미널 1로 돌아오는 버스에는 버스비를 받는 직원분이 없었고 편도 금액도 달랐다. 돌아올 때는 버스 운전하시던 기사님께 돈을 드렸고, 드렸던 돈은 이전 금액보다 5바트 더 저렴했다. 이러한 특징을 갖은 초록색 버스를 타고 터미널 1까지 안전하게 도착할 수 있었다.

치앙라이에서 처음 접하는 대중교통으로 다양한 경험을 했다. 대중교통 시설은 다소 열악했으나 가성비가 좋았고, 친절한 기사님도 만났기 때문에 알찼다. 만약 이 대중교통을 다시 만난다면, 이와 같은 좋은 추억들을 응용하여 더 능숙하게 애용해야겠다.

사원이 유명한 치앙라이

치앙라이에서도 사원을 찾아갔다. 사원 이름은 '백색 사원'과 '블루 템플'로 치앙라이에서 가장 유명한 사원이었다. 다른 곳 어디에도 없는 특색있는 사원이었기에 사원 구경하기를 좋아하는 한 사람으로서 가장 반가운 일이었다. 나와 같이 생각하는 여행객은 이 사원을 보기 위해 치앙라이를 방문한다고 들었다. 그래서였는지, 그 두 사원은 특히 사람들이 많았다.

사원에 방문하기 전 게스트하우스 직원이 알려준 정보가 있었다.

"백색 사원, 블루 템플 두 곳 다 좋아요. 하지만 백색 사원은 특히 사람들이 무수히 많아서, 편하게 갔다 오려면 최대한 일찍 가는 것이 좋아요!"라고 알려줬다.

그 말을 듣고 처음 방문했던 곳은 백색 사원이다. 나름 부지런히 준비하여 오전 10시쯤 사원에 방문했더니, 출발하기 전 직원분이 당부했던 말의 의미를 깨달을 수 있었다. 평범한 걸음걸이로는 도저히 걸을 수 없었다. 뒤에 사람들이 우르르 몰려와 여유를 느낄 틈도 없이 빠른 걸음으로 이동해야 했다. 가장 유명한 장소에서 잠시 머무르고 싶었지만, 그 모습은 상상할 수는 일이었다. 오전 10시에도 이런 일을 겪을 수 있었는데, 이보다 더 늦은 시간에는 어떤 모습인지 머릿속에 그림이 그려졌다.

사원의 입구로 들어서자, 온통 순백색으로 만들어져 멀리서 보아도 눈이 부신 사원이 보였다. 큰 규모로 만들어진 사원이라 들었는데, 생각했던 것보다 굉장히 웅장해서 깜짝 놀랐다. 그리고 이곳에 더 놀라웠던 부분은 모든 것이 완벽했던 사원이 그 당시에 아직 완공되지 않았던 사원이었고, 이곳이 사유지에 만들어진 사원으로 정식사원이 아니라고 했다.

그 외에도 사원의 특징은 여러 가지가 있다. 첫 번째는 온통 새하얗고 거울 조각으로 만들어져서 멀리서도 보아도 가까이에서도 보아도 항상 눈이 부셨다. 두 번째는 모든 조형물이나 건축물 형태는 발상의 전환을 할 수 있게끔 독특했다. 그중 가장 인상 깊었던 건, 마치 지옥에 빠진 사람들이 구원을 원하는 듯한 수천 개의 손/팔 조형물이었다. 그 조형물을 처음 보았을 때는 괴기하다고 느꼈다. 그래서 제대로 구경할 수 없었는데, 어디서나 볼 수 없는 특이한 조형물이라서 계속 눈이 갔고, 보면 볼수록 빠져드는 매력을 소유한 조형물이었다. 세 번째는 웅장한 만큼 그 외도 화려하고 정교한 건축물, 전시관, 조형물이 여러 곳에 있어서 구경하는 재미가 쏠쏠했다.

개인적으로 백색 사원을 엄청나게 기대하며 왔었는데, 기대했던 것보다 훨씬 더 좋았다. 이곳에서 예술적으로 뛰어난 작품들을 많이 보고 영감을 얻은 사원이었다.

백색 사원 다음, 두 번째로 방문했던 사원은 블루 템플이다. 백색 사원보다는 사람 수가 적다고 하여 아주 천천히 여유를 부리며 찾아갔다. 도착했었던 입구부터 온통 푸르게 물들어 있던 사원이었다. 이전에 보지 못했던 강렬한 색감에 감탄사가 저절로 나왔다. 이름처럼 사원에는 파란빛이 감돌고 있었지만, 황금빛도 함께 조화를 이뤄져서 그 사원의 푸른빛이 더 돋보였다.

그리고 이 사원이 백색 사원을 만든 사람의 제자가 만든 사원이라고 들었는데, 천천히 구경해보니 그 이유를 알았다. 청출어람(靑出於藍)이라는 말이 딱! 잘 어울리는 사원으로 제자가 만든 작품임에도 불구하고 선생을 능가하는 멋진 사원임을 알 수 있었다.

스승과 제자가 만든 사원이라서 두 사원이 공통점도 많았다. 두 곳 모두 아기자기하면서도 아름다움이 곳곳에 숨어있었다. 숨어있는 보물찾기 놀이를 하듯이 요리조리 구석구석 찾아다니며 흥미롭게 구경했다. 또한, 개인적으로 예술에 관심이 많다 보니 두 사원이 사용했던 색감과 예술적 요소 등을 감상하면서 다양하게 배울 점이 많다고 느꼈다.

언젠가 치앙마이에 다시 방문하게 된다면, 따로 시간을 내서라도 치앙라이를 다시 찾아오고 싶다. 그 이유는 그때 보았던 사원 모습도 완벽했지만, 완공된 백색 사원의 모습을 꼭 보고 싶기 때문이다.

엄마가 보낸 의미심장한 문자

치앙라이에 도착한 지 2일째 되던 날, 대낮에 카톡 한 통이 왔다. 엄마에게 온 연락이었다. 무슨 일인가 해서 바로 카톡 창을 열어보았는데, 그 연락은 좋지 않은 소식이었다.

"치앙마이 못 갈 거 같다."라는 내용이었다. 그 의미심장한 글을 확인하는 순간, 그날따라 기분이 이상하게도, 그 말이 단순한 일이 아니라는 걸 직감했다. 그래서 그 글을 읽은 후에는 종종 가슴이 두근거리고 식은땀이 났다.

역시나 내 직감이 맞았다. 문자와 앱을 통해 연락을 바로 취했지만, 몇 시간이 지나도 아무런 대답이 없었다. 수많은 경우 수가 있기에 걱정을 많이 했다. '혹여나 이거 전화금융사기인가?' 등 별별 극한 상황까지 생각하며 걱정했다. 엄마에게 연락받은 그 날은 엄마가 매우 걱정되어 온통 엄마

생각뿐이었다.

　어떻게 시간이 흘렀는지 밝게 비춘 해가 지고 까만 하늘이 보이자, 드디어 엄마에게 연락이 왔다. 우려했던 것과 같이 엄마는 교통사고가 나서 병원에 입원해 있었다. 다행히도 통화가 가능한 상태였으나 긴 대화는 할 수 없었다. 짧은 통화를 끊은 후 엄마의 교통사고 소식과 엄마의 목소리를 들었더니 내 마음이 무거워져서 이성적으로 생각하기가 어려웠다. 그래서 마음을 진정할 수 있는 시간이 필요했다.

　어느 정도 회복되어 정상적인 마음이 되었을 때 이런 상황에서 어떻게 대처해야 할지 생각했다. 교통사고를 당한 일이라면 큰일이라 생각되었기 때문에 한 달 살기 여행을 이만 끝내고, 빨리 한국으로 귀국해야 하나 생각했다. 그리고 그날은 한국에 있는 가족들에게 자세한 상황을 물어보았고 앞으로 어떻게 해야 하나 의논했다.

　천만다행하게도 그 당시 하늘에 계신 하나님께서는 우리 엄마를 지켜주셨는지, 아주 크게 다치지 않으셨다. 그리고 회복 속도도 빨라서 시간이 지날수록 점차 나아진다는 소식을 들을 수 있었다. 그리하여 한 달 살기를 계속 유지하기로 했다. 하지만 2~4일은 일정대로 돌아다녔으나 엄마가 아프다는 소식에 온전히 즐길 순 없었다.

　무사히 일상생활을 할 수 있는 상태로 건강해지셨지만, 그때 받은 엄마의 문자만 생각만 해도 마음이 묵직해진다. 마른하늘에 날벼락 맞은 듯했기에 여행 중 제일 힘들었던 것 같다.

　그래도 시간이 지나고 보니 이런 일이 잊고 싶은 일이었다기보단, 치앙라이 여행 중 한 경험의 부분이 된 것 같았다.

　"엄마! 이젠 아프지 말고, 오래오래 건강하세요~"

네덜란드에서 온 작가 아저씨

치앙라이에서 첫 외국인 친구를 사귀었다. 그 친구를 만난 곳은 치앙라이에 있는 숙소였다. 국경을 넘어 친구가 된 분은 네덜란드에서 온 40대 아저씨였고, 약 186cm 정도 되는 키에 마른 체형, 그리고 이국적인 이목구비까지 완벽한 외모를 가졌지만, 인간미가 넘치는 사람이었다. 그뿐만 아니라 나의 낯가림을 순식간에 무장해제 시킬 정도로 친근한 매력을 갖은 아저씨였다.

그와 친해질 수 있었던 일이 있었는데, 그 일은 굉장히 특이했다. 그날 따라 아저씨께서 머무르고 있는 방을 헷갈리셨는지 남자 방이 아닌 여자 방에 들어갔다가 친해졌다. 그 장면을 목격하기 전, 샤워실에서 씻고 나서 여자 전용 공용침실 쪽으로 복도를 통해 걸어갔었다. 그런데 갑자기 어떤 남자가 걸어와 여자 전용 공용침실로 태연하게 들어가는 모습을 보았다. 그 모습의 보고 몹시 당황해서 '분명 내가 사용하는 여자 전용 방인데 남자가 왜 들어가지? 내가 지금 잘못 봤나?'라고 생각할 때쯤 아저씨는 매우 놀란 얼굴로 헐레벌떡 밖으로 나오셨다. 그 상황이 창피하셨는지 머쓱한 표정으로 몇 가닥 남은 머리카락들을 쓰다듬으며 주변을 둘러보셨는데 그때 마침 나와 눈이 마주쳤다. 안 그래도 놀란 모습이 더 놀라셔서 발그스레한 얼굴과 어쩔 줄 몰라 하시는 표정이 보았다. 그렇게 눈이 마주쳤던 나를 보며 "Oops!! Hi~ thinking it was a my man's room," 다급한 말투로 해명한 후에는 소탈하게 웃으셨는데, 그 모습이 굉장히 귀여우셨다.

짧았지만 강렬했던 웃음거리를 통해 그와 빠르게 친해졌다. 아침에 일어나 마주치면 반갑게 인사했고 일정이 비슷하면 함께 움직이기도 했다. 그리고 각자 다녀와 본 치앙라이 여행지 중에 어디가 어떻게 좋았는지 공유하며 많은 대화를 했다. 어느 날은 스쿠터를 빌려 그와 함께 시내 한 바퀴를 돌아다녔다. 스쿠터는 처음이라 겁을 많이 먹었는데, 운전해주시는 아저씨께서는 너무 걱정하지 말라며 재미있는 농담도 해주시고, 나를 위해 속도를 최대한 줄이며 운전하셨다. 그런데도 나는 처음 이용해보는 스쿠터라서 아저씨 등 뒤에서 아저씨의 옷을 꽉 잡았고, 운전하시던 아저씨께서도 느꼈을 만큼 벌벌 떨었다.

그날 우리가 스쿠터를 타고 애타게 찾은 그곳은 치앙라이에서 가장 큰 마트였다. 굉장히 널찍한 그곳을 함께 구경했고 달콤한 아이스크림을 하나씩 물며 다양한 주제로 대화를 나눴다. 또한, 아저씨와 나의 나이 차이는 크게 났지만 대화하는 동안 어색하지 않았다. 아저씨의 나이는 정확히 기억나지 않지만 내 나이보다 띠동갑 넘게 차이가 났었다. 그러나 한참 어린 나와 함께 소통하려고 노력을 하셔서 대화하는 내내 오히려 즐거웠다.

　서로 어느 나라에서 왔는지 이야기를 하다가 나는 한국에서 왔다고 말했더니, 아저씨께서는 한국에 관심 있다며 간단한 한국어를 자신 있게 뽐내셨다. 그 말에 이어서 한국 옆에 있는 나라, 일본 여행이 생각나셨는지 그곳에서 찍은 사진들 하나하나 보여주셨다. 얼마 전에 다녀온 일본 여행이 굉장히 재밌었다고 이야기하시면서 한국에도 곧 방문할 생각인데, 한국말을 조금 더 배우고 싶다고 하셨다. 그래서 나는 '안녕하세요, 고맙습니다, 반가워요, 잘 가요, 괜찮아요' 등 간단한 인사말을 차근차근 알려드렸다.

　여행 이야기 이외에도 각자 직업을 이야기했었는데, 아저씨의 직업은 글 쓰는 작가였다. 아저씨께서는 이제까지 어떤 글을 써왔는지를 보여주셨는데, 웹페이지에서 볼 수 있는 글이었다. 그 안에는 아랍어로 된 글, 여러 장면이 담긴 사진들과 그림들이 있었다. 그곳에 담긴 내용에 대해 말해주시기를 여러 나라를 다녀오면서 경험하고 느꼈던 부분을 글로도 쓰고 사진도 찍어 올린다고 하셨다. 여러 사람이 볼 수 있도록 개인 웹페이지도 운영하지만, 가끔은 책도 쓴다고 하셨다.

　나에게 있어서 작가라는 직업이 굉장히 선망된 직업이었다. 한국에서도 만나지 못했던 작가님을 낯선 땅에서 게다가 외국인 작가님을 만날 수 있어서 굉장히 신기했다. 아저씨께서 하시는 일이 글을 쓰는 작가라는 사실을 알았던 순간부터 1대1일 팬 미팅하는 것처럼 대단히 설렜고, '이게 꿈인가 생시인가'라고 생각될 만큼 현실감이 없었다.

　다양한 대화를 마친 후에는 다시 스쿠터를 타고서 치앙라이 시내 구석구석을 다니며 탐방을 했다. 반나절을 함께 보내는 동안 즐거웠고 이전에 가보지 못했던 곳을 아저씨 덕분에 수월하게 갈 수 있어서 좋았다.

4일 내내 그와 함께 어울리다가 치앙라이를 떠날 때가 되었을 때 상황이 여의치 않아 작별인사를 제대로 하지 못했다. 그렇게 그와 헤어졌던 부분이 아쉬웠고, 속상했다. 그리고 또 아쉬움이 남는 부분은 치앙라이에서 많은 시간을 함께했는데, 아저씨와 함께 찍은 사진이 한 장도 없다는 사실이었다. 이처럼 그와 함께했던 여정이 잘 매듭지어지지 않아서 아쉬움이 많이 남는 외국인 친구였다. 아쉬움이 남는 부분도 있었지만, 치앙라이에서 혼자 머무는 동안 그가 있어서 항상 즐거웠고, 다양한 추억을 만들어 줘서 감사했다.

그리고 나는 인심도 좋고 언제나 친절했던 그가 그리울 때는 종종 상상했다. 아저씨께서는 방방곡곡 여행 다니며 글 쓰는 일을 하시니까 언젠가 다시 만날 거 같은 기분이 들었다. 혹여나 다시 마주친다면, 씨-익 웃으며 반갑게 말하고 싶다.

"그땐 작별 인사를 못 하고 떠나서 미안했고, 다시 만나서 반가워요!"라고……. 말이다.

치앙라이에서 푸짐한 야시장 즐기기

　그동안 저녁을 먹을 때는 대충 허기만을 채웠는데, 숙소 근처에 있는 나이트 바자 야시장을 만난 후로는 항상, 다양하고 맛있는 먹거리로 푸짐하게 먹었다. 치앙라이에 4일 머물렀는데, 매일 한결같이 방문한 단골 장소였다.

　광대했던 야시장은 여러 곳으로 나뉘어 있었는데, 자주 방문했던 곳은 중앙 광장이다. 이곳에 가면 다양한 먹거리를 맛볼 수 있었다. 취향에 따라 간단한 먹거리부터 푸짐한 음식까지, 원하는 음식을 여러 개 골라 먹을 수 있었고 그 음식들을 다른 곳보다 저렴하게 먹을 수 있었다. 종류도 다양했다. 치앙라이에서 자라는 각종 과일부터 다양한 현지 음식, 디저트 등이 있었고, 맛도 좋았다. 광장에는 다양한 먹거리도 있었지만, 그 앞에는 야외 라이브 공연을 볼 수 있는 규모가 큰 공연장과 식사할 수 있는 수많은 테이블과 의자가 함께 있었다. 그래서 이곳을 방문하는 사람들은 옹

기종기 모여 앉아 맛있게 식사하며 멋진 공연을 즐길 수 있었다. 이곳에서 하는 공연은 다양했고 무료로 감상할 수 있었다. 잔잔한 것부터 흥겹고 즐거운 것 그리고 전통 공연 등 여러 장르의 공연을 했다.

그리고 이곳을 자주 방문하면서 느꼈던 것이 있었다. 이 야시장은 여행객들에게 많이 알려진 관광명소로 외국 사람들도 당연히 많았지만, 이곳에 살고 있었던 현지 사람들도 자주 찾아왔다. 이곳이 알고 보면 화려하지 않고 수수하며 로컬 분위기가 많이 느껴지는 야시장이었기 때문에 이곳에 사는 사람들도 많이 찾아오는 듯했다. 그래서 이곳은 누구나 찾아오는 곳으로 언제나 활기찼다.

이 시장은 언제나 맛있는 음식이 기다리고 있는 장소였고, 치앙라이 버스터미널과 매우 근접하여 누구나 쉽게 찾을 수 있었다. 그리고 규모도 컸기 때문에 다양한 먹거리뿐만 아니라 쇼핑할 수 있는 상점들이 줄지어있었다. 수공예품, 치앙라이에서만 파는 액세서리와 전통 의류 등등을 판매했다. 이전에 보지 못한 치앙라이만의 특이한 소품들이 많아, 보는 재미도 쇼핑하는 재미도 있었다. 그리고 저렴한 마사지 샵과 네일아트 샵도 있었다. 이곳을 이용하려면 줄을 서서 기다려야만 했었을 만큼 항상 인기가 많았다. 이처럼 먹거리 외에도 사람들이 좋아할 만한 것들이 모두 다 갖춰져 있어서 사람들로 가득했다.

치앙라이에서 머물렀던 4박 5일 동안 하루도 빠짐없이 방문하며, 그곳에서 누릴 수 있는 건 모두 다 푸짐하게 누렸다. 먹음직스럽고 다양한 종류의 음식을 먹어보았고, 개인적으로 좋아하던 소품들도 구매했고, 눈과 귀가 즐거운 무료 공연들도 보았고, 마사지로 호강도 했다. 그래서 치앙라이에 있는 동안은 허기질 틈도 없이 나의 배와 마음은 항상 풍족했다.

제6장

마지막 남은
'11일'이라는 시간

대미를 장식한 숙소

　마지막 11일 머무를 곳이라 생각해서 신중하고 또 신중하게 결정을 했다. 신중하게 고른 만큼 숙소는 굉장히 호화스러웠다. 이제껏 공용침실이 있는 게스트하우스와 호스텔을 다녀왔지만, 이처럼 좋은 숙소는 처음이었다. 1, 2인실/패밀리룸도 함께 운영하는 규모가 큰 숙소였는데, 1, 2인실/패밀리룸 못지않게 공용침실의 시설이 정말 좋았다. 이제까지 묵었던 숙소와 비교했을 때 비싼 편이었지만, 훌륭한 시설을 갖춘 숙소였기에 고려할 수 있는 부분이었고, 열흘 넘게 생활할 때도 집에 가기 싫었을 정도로 굉장히 만족했다.

　숙소가 큰 만큼 다양한 장소가 있었는데, 그중 좋아했던 곳이 있다. 주로 머물렀던 공용침실이다. 첫 만남이 좋았다. 근교 치앙라이 여행을 마치고 이 숙소를 도착하니 넓은 마당이 있는 2층 건물의 숙소였다. 체크인하자,

헤드셋과 TV 리모컨, 큰 수건을 주셨다. 그 물건을 받아 방에 들어가 보았다. 침대 벽에 붙어 있는 개인 TV가 1대씩 있었고, 푹신푹신한 이불과 매트리스, 새하얀 이불과 매트, 개인 침대 커튼이 있었다. 또한, 커다란 여행용 가방이 2개씩이나 들어갈 수 있는 크기의 개인 사물함도 있었다. 그 외도 다수가 사용해도 불편함이 없을 정도로 모든 시설이 잘 갖춰져 있었고, 청결했다. 그래서 첫인상이 좋았고, 계속 머물면서 이곳이 더 좋아졌다. 혼자 이 숙소를 짝사랑했을 만큼 더 좋아했던 거 같다.

그리고 이 숙소가 좋았던 점은 남향 쪽에 있는 숙소라서, 모든 공간은 햇빛이 잘 들어왔다. 이른 아침이면 따사로운 햇볕에 잠에서 깨는 일이 많았고, 볕이 뜨겁게 내리쬐는 시간이면 축축한 빨래 또는 얼마 전에 베드 버그에 물려서 의심될만한 물건들을 건조했다. 또한, 햇빛이 잘 들어오는 숙소라서 생활하는 동안은 대단히 활기찼다.

그 외에도 야외에 작은 정원 또는 넓은 마당이 보이는 널찍한 부엌, 야외 수영장, 코인 세탁기/건조기와 건조대, 널따란 주차장 등이 있었다. 이동하는 장소마다 보안키가 있어야만, 원활한 이동이 가능하였기에 보안 시스템 철저하다는 것을 느낄 수 있었다.

그곳을 관리하는 직원들도 한결같이 친절했고, 친화력이 좋았다. 요일마다 직원이 달라지는 듯했으나, 직원들 모두 항상 웃으면서 대응해주고, 숙소에 관한 문제가 있으면 언제든지 발 벗고 나서 도와주었다. 숙소 관련된 일 이외에도 그들은 한국에 관해 자주 물어보고, K-POP 대해서도 많은 이야기를 나누었다. 이처럼 이야기를 많이 나눌 수 있었던 건, 연령대가 비슷하여 소통하기가 편했고, 그들의 적극적인 친화력에 덕분에 숙소에서의 생활이 즐거웠다.

숙소의 이런저런 것들이 나와 잘 맞다 보니, 어느새 숙소의 매력에 풍덩 빠져있었다. 이전에 악몽이 있어서 한꺼번에 숙박비를 결제보단 하루씩 돈을 내고 머물렀더니 어느새 10박 11일이 이 다 채워졌다. 이처럼 장기간 머물 수 있었던 건, 숙소가 굉장히 좋았던 것도 있었지만 그곳에 머무는 동안 좋은 사람들을 만났기에 시간이 어떻게 흘러가는지 모를 정도로 매우 행복했었다.

이곳이 너무나 호화로워서 도저히 게스트하우스라고 믿어지지 않았던 숙소는 나의 마지막 일정까지 함께 했다. 이곳에 바람이 있다면 나중에 방문했을 때도 이 모습 그대로 변치 않았으면 좋겠다.

처음이었던 비행기 소리

대미를 장식했던 숙소는 모든 것들이 완벽했지만, 소음은 완벽하지 못했다. '이 소음이 실제 상황인가?'라고 느껴질 정도로 큰 소리가 들려와서 깜짝 놀랐다. 그 소음은 비행기가 지나기는 소리였다. 난생처음 들어보는 웅장한 소리라서 굉장히 신기했다.

처음에는 그 소리가 신기하게 들렸다. 그러나 그 소리가 점차 소음으로 들리기 시작했다. 그 이유는 활발하게 움직이는 낮에 주로 소리가 들렸다면 민감하게 반응하지 않았을 텐데, 날이 어두워지고 잠을 자야 하는 고요한 시간에 주로 들리니 힘들었다. 꿈나라에 가야 할 시간에 비행기들은 숙소 바로 근처에서 "여러분, 나 여기 지나가요!"라고 큰소리치듯 큰 소음을 내며 지나다녔다. 그 소음이 한 번이었으면 좋겠지만, 두 번 세 번 연속으로 들리니 제대로 된 잠을 청할 수가 없었다. 다행히도 첫날에 있었던 일이라 침대 위치를 다른 곳으로 바꿔 보니, 이전에 느꼈던 소음이 나아졌다. 침대 위치 바꾸기로 생활하는 데 큰 불편함을 느끼지 못했지만, 약간의 소리는 들렸다.

이런 경험을 하고 나서 문득 이런 정보가 생각이 났다. 치앙마이에 오기전, 치앙마이에서 머무를 숙소 위치를 정하기 위해 동네 위치를 공부했었는데, '님만해민'이라는 동네가 비행기 소음이 들릴 수 있어 민감한 사람은 일상생활이 힘들 수도 있다고 했는데, 이 사실을 이 숙소에 와서야 알수 있었다.

숙소에서 묵었던 첫날은 잠도 못 이룰 정도로 큰 소음인지 전혀 모르고 있다가 그날 밤 한숨도 못 잤다. 그때 들었던 소리는 처음에는 신기하기도 했지만, 트라우마가 되어버린 소음은 더는 듣기 힘들었다.

비행기 소음을 듣기 전에 나는 일상에서 극히 힘들게 했었던 소음을 겪어보지 못하여, 뉴스 또는 신문에서 볼 수 있었던 일들 공감할 수 없었다. 일상생활에서 나타나는 소음 때문에 일어난 불미스러운 일이나 몹시 힘들어하는 사람들을 보고 마음 깊게 공감하지 하지 못했다. 그러나 이런 경험을 직접 들어보고 일상생활을 해보니, 그들의 힘든 고충을 조금이나마 알 수 있는 시간이었다.

이전에 경험해보지 못한 색다른 경험으로 많은 것을 느끼고 깨달았다. 직접 체험하여 얻은 깨달음을 토대로 숙소 위치를 정할 때는 고려할 조건들이 여러 가지가 있겠지만, '소음'이라는 부분도 생각해야 한다는 것을 명심해야겠다.

숙소의 비밀병기, 야외수영장

아침에 눈 뜨는 일이 항상 즐거웠다. 그 이유는 숙소 안에는 무더위를 거뜬히 이겨 낼 수 있는 시원한 야외수영장이 있었기 때문이다. 아주 크지도 작지도 않은 수영장으로 가볍게 수영하고 물놀이하기가 좋았다. 풀장 외에도 여러 개의 선베드, 간이 샤워실 및 내부 샤워실, 남녀 화장실, 구급용 튜브 등 수영장에 필요한 시설들이 갖춰져 있었다.

이러한 환경을 갖춘 수영장을 보고만 있을 수 없어, 오랜만에 래시가드를 꺼냈다. 래시가드를 꺼낸 뒤로는 하루에 1번 꼭 수영장 물에 들어갔었다. 이처럼 물에서 노는 것을 좋아했던 이유는 아마도 어렸을 때 수영을 열심히 배웠기 때문이다. 그래서 현재에도 물과 친하다. 물에 들어가기 전 나의 기분은 항상 신이 난 아이처럼 들떠있었다. 하지만 동네 수영장이나 깊은 물 속에서 헤엄친 지 언 1년 전이라서 수영장 깊이에 적응해야 했다.

보통 물이 있는 풀장이나 물놀이하던 곳에 있는 물을 부득이하게 마시면 기분이 나빴는데, 이곳에선 이상하게도 모든 일이 즐거웠다. 때에 따라서는 풀장 주변에 있는 선베드에 누어 광합성을 하거나, 갖고 온 책을 읽으며 유익하게 시간을 보냈다.

오랜만에 물에서 헤엄치고 맘 놓고 여유를 부릴 수 있어 행복했다. 그리고 매일 아침 10시 30분에는 야외수영장으로 출석 체크를 했었다. 그랬더니 사람들에게 따로 이야기하지 않아도 그들은 내가 어디에 있는지 잘 알았다.

뜨겁게 비추던 해가 잠잠해지는 시간이 되면 숙소에 머무는 사람들과 외부 사람들이 이곳을 찾아왔다. 같은 시간대에 사람들이 모이다 보니 풀장에도 풀장 밖에도 번잡했다.

이곳에 이렇게까지 사람들이 많아질 줄 모르고 어느 날 해가 질 때쯤, 숙소에서 친해진 언니와 친구랑 물장구를 치며 놀았던 날이 있었다. 다른 날에는 이런 일이 없었는데, 그날은 유난히도 사람들이 많이 모였다. 풀장에 한 명씩, 두 명씩, 세 명씩 모이다 보니, 순식간에 10명 이상의 사람들이 모여있었다. 점차 많아진 사람들로 야외수영장의 정체성이 모호해졌다. 그 모습은 마치 몸을 가만히 담그며 피로를 푸는 노천탕같이 정적으로 변했다. 그래서 이리저리 헤엄치며 이동할 수가 없었다. 풀장 안에 있는 사람들은 서로 눈치 보느라 한 곳에 정체된 채 풀장 벽만 잡고 놀고 있었다. 활기차야 하는 장소에서 이런 상황을 겪으니 웃음이 나왔다. 언니도 친구도 이런 모습이 황당했었는지 한참을 배꼽 잡으며 웃었다. 그런 일이 있고 난 후에는 사람이 많은 시간 때를 피해 수영장을 찾아갔다. 1차로 혼자 물놀이를 마친 후, 2차로 친구랑 언니와 함께했다.

또한, 수영을 배우지 못한 중국인 친구가 있어서 종종 수영을 알려줬다. 처음에는 물을 매우 무서워하더니, 마지막 날에는 어느 곳이든지 자유롭게 헤엄쳤다. 수영을 알려주었던 시간은 아주 짧았는데, 그녀의 강한 의욕 덕분에 간단한 수영도 배우고 물도 무서워하지 않게 되었다. 그뿐만 아니라 그녀는 수영의 즐거움을 알았는지, 매일 아침 나에게 야외수영장은 언제 가는지 물어보았다. 그래서 가끔은 나와 함께 매일 물에서 헤엄쳤던 그녀의 모습이 생각난다.

내가 좋아하는 야외수영장 있어서, 많은 시간을 이곳에서 보내다 보니 다양한 추억을 만들 수 있었다. 오랜만에 물속에도 들어갔다가, 물 밖에서도 여유롭게 휴식을 취했다. 그리고 그곳에서 여러 사람을 만났고, 그들과 함께 재미있는 추억도 만들었다.

또한, 이렇게 좋은 시간과 추억을 만들 수 있었던 건, 숙소의 비밀병기라고 해도 될 만큼 좋은 시설들이 갖춰져 있었기 때문이라고 생각한다.

첫인상에 매료되어 이끌린 곳

원님만이라는 곳을 처음 갔을 때 느꼈던 감정은 이전에 보았던 로컬 분위기가 아닌 유럽을 방문한 듯한 분위기였다. 이곳과는 또 다른 이국적인 모습을 보았다. 내가 이곳을 처음 방문했을 때는 해가 지고 날이 어두워지고 있었다. 하늘이 점점 더 어두워지자 나를 포함한 많은 방문객은 입구가 있는 야외 광장에서 한동안 떠날 수 없었다. 이곳에 있는 동안 이루 말할 수 없이 황홀했다.

황홀하게 느껴졌던 야외 광장은 감성 충만한 주황 조명들이 깜깜한 밤하늘에 그림을 그리고 있었다. 그뿐만 아니라 빨간색 벽돌로 만들어진 세련된 건축물이 그 주변을 에워싸고 있어 더욱더 몽환적이었고 대단히 아름다웠다. 또한, 건물 안에도 야외 광장과 같이 멋있었다. 이곳에 있었던 사람들의 마음을 매료했었던 조명들과 세련된 시설들이 함께 있어서 사람들이 항상 많았다. 오래도록 보고 싶었던 이곳 건축물과 시설들은 낮에도 인상적이었으나, 어두워진 저녁이나 밤에 찾아왔을 때가 더 멋있었다.

나를 오랫동안 붙잡아 두었던 곳, 야외 광장에서는 정해진 시간이 되면 무료 수업을 했다. 요일별로 요가 수업, 살사 댄스, 스윙 댄스, 탱고 댄스 등 여러 수업을 진행했다. 시간에 맞춰 방문하면 누구나 참여 가능했다. 좋은 수업이 있었음에도 게을렀던 탓에 참여를 한 번도 못 했지만, 이곳에서 진행하는 수업을 우연히 구경할 수는 있었다. 정확히 어떤 요일이었는지 기억이 안 난다. 그러나 그 수업이 어땠는지는 선명하게 기억이 난다. 야외 광장이 점점 어두워지고 저녁 7시쯤이 되었을 때 탱고 음악에 맞춰, 파트너와 함께 발을 맞춰 춤을 배우는 사람들을 보았다. 탱고를 처음 배우는 듯했으나 이곳에 있었던 사람들은 춤 선이 고왔다. 그리고 그들은 남의 시선에 아랑곳하지 않고 오로지 흘러나오는 음악과 파트너와의 호흡에 취해 있다. 그들의 모습을 구경하는 내내 영화 속 한 장면을 보는 듯했고, 대단히 낭만적이었다.

이 외에도 다양한 무료 수업 후기를 들어보았더니, 수업 내용이 알찼고, 누구나 쉽게 배울 수 있는 수업이었다. 처음에는 무료 수업이라고 해서 의심을 했다. 그러나 좋은 후기들이 많아서 초반에 가졌던 의심이 사라졌다. 모처럼 좋은 수업을 발견했으니 치앙마이에 다시 방문하게 된다면, 부지런히 움직여서 수업에 꼭 참여해야겠다.

이곳은 무료 수업, 이국적인 건축물, 감성적인 조명, 야외 광장 등 이외에도 맛있는 먹거리와 쇼핑 그리고 휴식을 취할 수 있는 공간이 있었다. 그 공간은 1층과 2층으로 나뉜다. 1층은 야외 광장과 연결된 곳으로 식사와 쇼핑을 함께 할 수 있었고 2층은 오로지 쇼핑을 할 수 있었다. 또한, 백화점 같은 한 장소에서 답답하게 있어야 하는 공간과는 달리, 이곳은 탁

트인 인테리어 구조, 야외 광장과 연결된 부분이 좋았다. 그래서 이곳에 오면 오랫동안 머물러도 피곤하지 않았다.

그리고 이곳에서 판매되는 물건들은 다양했고, 질 좋은 품목만 있었다. 치앙마이에는 예술학교가 있었기 때문에 기성품 같은 물건보단 창의적인 물건들이 대부분이었다. 가격대가 한국에서 구매하는 것만큼 비쌌기 때문에 실제로 구매하진 않았지만, 예술적인 감각을 키우기 위해서 창의적인 물건들을 많이 구경했다.

이곳에서 쇼핑은 많이 안 했지만, 다양한 음식을 맛보았다. 한식, 양식, 현지식, 일식, 중식 상관없이 모든 종류가 있었고 여러 가지 음식을 한 장소에서 먹을 수 있는 푸드 코트도 있어 편했다. 무엇보다 분식집이 이곳에 있어 신기했다. 그래서 이곳에서 제일 먼저 먹었던 음식이 분식이었다. 객관적으로 생각했을 때는 한국이 아니라서 맛이 조금은 부족했고, 다른 음식보다 비쌌다. 그러나 낯선 나라에서 맛본 분식이라서 굉장히 새로웠다. 분식 외에도 다른 음식들을 먹어보았는데, 생각보다 맛있었고 저렴했다.

이곳은 신기하게도 방문할 때마다 새로운 것을 발견하고, 구경하는 재미가 있었다. 그래서 근처에서 머무를 때는 거의 매일 방문했다. 첫날은 무심코 걷다가 이국적인 건축물을 보러왔고, 둘째 날은 이국적인 장소와 조명 그리고 세련된 시설에 반해 다시 찾아왔고, 셋째 날은 무료 수업을 구경하고 나서 맛있는 밥을 먹었고, 넷째 날은 숙소에 함께 머물렀던 친구들을 데리고 이곳을 왔었다. 이외에도 혼자 밥을 먹거나 커피를 마시러 종종 방문하거나, 다양한 프리마켓을 구경하러 올 때가 있었다. 이곳에 있는 상인들에게 눈도장 찍었을 만큼 원님만을 자주 찾았다. 강렬했던 첫인상에 매료되어 어느새 단골집이 되었고, 어느 명소보다 인상적이었다.

인연 | 베드버그 덕분에 친구가 생겼다

베드버그 악몽 이후로 베드버그가 기억에서 서서히 잊힐 때쯤, 그녀를 만났다. 2살 많은 한국 사람이었고, 베드버그에 대해 다양한 지식을 공유할 수 있는 사람이었다. 베드버그에 심하게 물려서 안타깝게도 그녀의 다리에는 빨갛게 꽃 핀 상처가 있었다.

오랜만에 만난 한국 사람이라서 대화하기 좋았고, 함께 공유할 주제가 있어 친해질 수 있었다. 그녀는 내가 알고 있는 베드버그에 대한 지식보다 더 많은 정보를 알고 있어 많은 걸 공유했다. 예를 들면 어느 숙소에 베드버그가 있었는지, 어떤 사람들이 베드버그를 몰고 다니는지, 어떻게 하면 베드버그를 피할 수 있는지, 박멸할 수 있는지, 쉽게 베드버그 찾아내는 방법, 베드버그 물리고 환불받는 방법 등등 이외에도 세세한 것들을 다양하게 알고 있어서 공유했다.

그리고 그녀는 상처가 커서 그랬는지, 치료에 그치는 것이 아니라 항상 신속하게 물건을 소독하고 신중하게 행동하는 모습이 보였다. 물론 나도 열심히 움직였지만, 그녀의 철저함을 따라잡을 수 없었다. 때론 이러한 그녀의 모습이 유용하게 보여, 그녀를 따라서 행동했다.

정보를 공유하고 언니를 믿고 의지하다 보니, 만난 지 얼마 되지 않았지만 빠른 속도로 친해질 수 있었다. 베드버그를 통해 친해져 다양한 분야의 이야기도 나눴다. 언니와 함께 대화하는 건 항상 즐거웠다. 언니는 심리 공부를 많이 하고 그런 일을 하고 있어서 그런지 내가 두서없이 이야기해도 잘 들어줬다. 그리고 내가 감정적으로 호소하는 부분에 대해서도 귀담아듣고 있다가, 속 시원하게 해답을 알려주기도 했다. 그런 그녀가 존경스러웠다.

그녀는 영어도 잘했고 학식이 뛰어나 아는 것도 많았다. 그뿐만 아니라 상대방의 말을 끝까지 귀담아주는 모습과 헤아려주는 모습도 있었다. 나에게 있어서 그녀는 배울 점이 많은 스승님 같았다.

언니도 나와 비슷한 감정을 느꼈는지 함께하는 시간 동안, 서로 의지하며 함께 했다. 여행길을 함께 하기도 하고, 맛있는 음식도 함께 먹고, 같은 방에서 함께 자고, 함께 수영장에서 놀며 언제나 든든한 동반자처럼 지냈다. 얼굴, 성격, 나이, 살아온 배경, 가족, 직업 등등 너무나 많은 다른 점이 있었지만, 함께 하는 시간만큼은 손발이 척척 맞았다. 그녀와 함께하면 항상 즐거웠다.

한국에 다시 귀국하고 나서 언니가 알려준 유용한 상식이나 다양한 지식이 떠오를 때면 그녀가 생각난다. 그리고 한 번씩 그녀와 함께 만들었던 추억을 돌이켜보면, 함께 했던 모든 일이 꿈만 같고 만나기 어려운 귀인을 만난 거 같아 기쁘다.

　귀국 후 여러 가지로 정신없어서 연락하지 못했는데, 조만간 언니에게 연락해야겠다.

　"언니 잘 지내고 있나요? 어때요. 요즘?"

인연 II 함께하면 즐거운 사람 : 중국인 동갑내기와 태국인 언니

숙소에 머무를 때 초반에는 혼성전용 공용침실에 머물렀다가 나중에는 여자 전용 공용침실로 옮겼다. 그때 그녀들을 만났다. 그녀들은 동갑내기 중국인 친구와 30대 태국인 언니였다. 조금씩 입실하는 날짜는 달랐지만, 그녀들은 친화력이 최고여서 우리 셋이 이른 시간 안에 친해지기가 쉬웠다.

그녀들의 말솜씨는 나에겐 '언변술사'나 다름없었다. 그래서 그들과 함께하면 언제나 즐거웠다. 그저 사소한 것들도 그녀들의 재치 있는 말투로 이야기를 나누면 항상 웃음이 났다. 비록 나의 부족한 영어 회화 실력으로 소통하기 힘들 때도 있었지만, 서로 못 알아들어서 더 재미있었기에 의사소통에 있어서 영어 실력이 커다란 문제는 아니었다. 문제는 그녀들과 뭉쳤을 때, 도통 끊어지지 않는 것과 집이 떠나갈 정도에 큰 목소리가 문제였을 뿐, 항상 웃음거리가 끊이지 않았다.

그녀들 중 특히 나와 제일 친했던 사람은 동갑내기 중국인 친구였다. 나이, 생일(달), 가치관 등 비슷한 점이 많았다. 언어와 살아온 나라, 문화가 크게 다를 뿐이었지 소통하는 내내 쉬지 않았고 이야기 나눌 수 있었다. 그리고 둘 다 영어 회화가 능숙하지 못했기에 서로 집중해서 귀 기울여 잘 들어주고 성심성의껏 대답했기 때문에 함께하는 시간이 항상 즐거웠다. 그리고 언제나 마음에 문이 열려있는 그녀는 나에게 먼저 다가와 말을 걸었다. 정말 사소한 것부터 다양한 분야까지도 이야기하고 어떻게 해결하면 좋을지도 함께 대화했다.

다양하게 이야기를 나눠보니 그녀와 공통된 부분이 많다는 것을 느꼈고, '그녀와 나는 혹시 천생연분인가?'라고 착각할 정도로 잘 맞았다. 그래서 '한국에 돌아가서도 계속 연락되는 친구가 되었으면 좋겠다'라고 생각할 때쯤 그녀도 나와 같은 생각을 했는지, 어디서든 소통이 가능한 앱을 함께 공유하기로 했다. 속상한 일이 있을 때 함께 의지했고, 종종 일정을 같이 다녔다.

치앙마이를 떠나는 마지막 날에는 그녀가 나와 헤어지기 아쉬웠는지, 비행기 타기 전 마지막 일정까지 동행하였고, 굉장히 고맙게도 마지막 가는 길까지도 배웅해주었다. 이렇게까지 감동과 여운을 주는 친구였기에 그녀를 두고 한국으로 돌아오는 발걸음은 한없이 무거웠다. 한국으로 돌아온 지금은 서로 소통할 수 있는 SNS가 애플리케이션 하나인데, 그 앱 자체가 중국과 한국 사이에 연결에 관한 문제가 있어서 그런지 연락이 안 된다. 그래서 내가 타지에서 의지하고 좋아했던 그녀가 현재 건강하게 잘 지내고 있는지 대단히 궁금하다.

다음은 30대인 태국인 언니였다. 나보다 7살 차이 나는 언니였지만, 7살이나 어린 나와 눈높이 맞춰 이야기 나눌 수 있는 따뜻한 사람이었다. 또한, 모든 이들에게 먼저 다가가 인사하고, 유머 감각이 뛰어나서 누구에게나 호감을 주었다.

나는 그녀의 개그 코드에 흠뻑 젖어 있었다. 그래서 매번 배꼽을 잡으며 웃자, 언니는 이러한 나를 보고 웃으며 "내가 그렇게 웃기냐"고 되물을 때가 많았다. 그녀의 행동과 말투 등 모든 것들이 나에게 있어서 어느 개그맨보다 가장 재미있고, 과장된 행동, 말투, 다양한 표현 하나하나가 터져 나오는 웃음을 멈추지 못하게 했다.

그리고 그녀는 태국사람이었지만, 누구보다 한국에 관심이 많았다. 한국에서 유명한 명작드라마, 배우, 가수, 음식, 언어 등 다양하게 알고 있었다. 그녀는 한국에 대한 각 분야의 이름만 나와도 소리를 지르거나 환호했다. 이 모습만 보아도 평소에 얼마나 좋아하고 관심이 있는지 알 수 있었다. 그래서 어떤 외국인 친구들보다 그녀는 한국에 대한 다양한 분야를 이야기할 때 더욱더 친해질 수 있었다.

그 중 독특했던 부분은 외국인들에게 많이 알려진 비빔밥, 김치, 불고기 등 기본적인 한국 음식이 아닌 한국인들이 주로 먹는 한국 음식에 열광했다. 기름기가 자글자글하고 감칠 맛 나는 삼겹살과 곱창 등 돼지고기를 좋아했고, 매콤한 음식들 모두를 좋아했다. 그래서 그녀는 종종 SNS로 이러한 음식들 사진과 동영상을 찾아본다고 이야기했다. 날씨가 좋지 않아서 그녀와 함께 숙소에 있었을 땐 그녀가 자주 찾아보는 음식을 찾아보며 시간을 보냈다. 그리고 그녀랑 여러 음식을 먹으러 다녔지만, 매운 음식을 먹으러 갔을 때가 제일 신기했다. 그녀가 매운 음식을 잘 먹는다고 하여 숙소 근처에 있는 꼬치 음식점을 갔었다. 나는 매운 강도가 어느 정도일지 모르고 그녀와 같은 매운맛을 골랐는데, 몹시 매웠다. 그 꼬치들을 먹는 동안 너무 매워서 머리를 부여잡거나 울면서 먹고 있는데, 언니는 아무렇지도 않은 표정으로 잘 먹었다. 다 먹은 후에는 "믿음, 화이팅!"이라며 옆에서 응원했다. 이 정도로 그녀는 매운 음식을 진짜 잘 먹었다.

그녀와 함께한 모든 시간이 굉장히 유쾌했고, 즐거웠다. 그녀랑 다양한 추억을 만들 수 있었던 건, 성격이 좋아서 그런 것도 있었지만, 한국을 잘 알았고 한국 음식을 잘 먹었기 때문이다. 하루라도 더 빨리 만났더라면 둘이서 더 다양한 맛집 데이트를 하거나 맛있는 한식을 요리해 줬을지도 모르겠다는 생각에 조금은 아쉬웠다.

국내, 해외 상관없이 여행하다가 마음 맞는 친구 찾기가 쉬운 일이 아닌데, 한 사람도 아닌 두 사람이나 만날 수 있어서 행복했다. 그리고 부족한 영어 실력으로 소통해서 그녀들과 친해지기 어려운 줄 알았는데, 영어가 능숙하지 않아서 그녀들과 더 웃고 더 많은 이야기를 하며 친해졌다. 그래서 유창한 영어 실력보단 긍정적이고 개방적인 마음가짐이 중요하다는 사실을 알 수 있었다.

만약 시간을 돌릴 수 있는 타임캡슐이 있거나, 그녀들을 한자리에 소환할 기회가 주어진다면 이전처럼 재미있게 놀고 싶고, 그동안 어떻게 지냈는지 묻고 싶다. 또한, 현재 악한 바이러스로 세계적으로 어려운 시기인 만큼, 그녀들에게 묻고 싶다. "현재 머무는 곳에서 모두 잘 지내고 있나요? 나는 그대들이 그리워요~~"라고 말이다.

인연Ⅲ 숙소에서 먹는 맛있는 한 끼

　나와 친하게 지냈던 그녀들 외에도 숙소에서 아저씨 두 분을 만났다. 두 분 모두 한국말을 할 줄 아는 한국인이었으나, 신기하게도 살던 곳이 달랐다. 한 분은 한국에서 살다 여행 오셨고, 또 다른 한 분은 필리핀에서 살다 여행 오셨다. 두 분 다 친화력이 좋으셔서 함께하는 시간이 즐거웠다. 과거에 만났던 사람처럼 편안했고, 대화할 때도 재미있었다.

　저녁 시간이 될 때쯤이면 때때로 다른 사람들과 함께 먹을 음식들을 만들어 주셨다. 그들이 준비한 음식 종류는 한식이었다. 그 이유를 여쭤보니, 아저씨께서는 태국 음식을 많이 먹어서 질렸고 이제는 한국 음식이 그립다고 하셨다. 그래서 어디선가 신선한 재료를 공수해오셔서 다양한 만찬을 뚝딱 만드셨다. 매번 한발 빠른 아저씨들 덕분에 다 차려진 밥상에 맛있게 먹기만 할 때도 있었고, 미리 와서 준비할 때면 다른 사람들보다 내가 제일 나이가 어렸기 때문에 요리를 하는 데에 큰 힘이 되지는 못했고 소소한 것을 도와드리고 나서 맛있게 먹었다.

혼자가 아닌 여럿이 앉아 음식을 먹으니 맛이 좋았지만, 오랜만에 먹는 한식이라서 더 맛있었다. 구수한 된장찌개, 오동통한 생선구이, 감칠맛 나는 김치찌개, 간이 잘된 돼지 불고기, 새콤달콤한 김치볶음밥 등등 다양한 음식을 먹을 수 있었다.

이런 음식은 집에서 엄마가 매번 해주시는 흔한 음식이었기에 평소에는 열심히 먹지 않았다. 그러나 낯선 이곳에선 말 한마디도 하지 않고 음식을 열심히 흡입하는 나의 모습을 발견할 수 있었다. '언제 이 음식들이 다 없어졌지?'라고 생각할 만큼 정신없이 먹었다. 그 정도로 모든 음식이 다 맛있었다. 나에게 있어서 그 당시 먹었던 음식들은 유명한 호텔급 요리사가 내놓는 요리 솜씨 못지않게 음식 맛이 최고였다. 지금 다시 생각해도 입맛이 당긴다.

종종 해주시는 음식이 굉장히 맛있었기 때문에 감사 인사와 그분들에게 칭찬해드리면, 항상 부끄러워하셨다. 푸짐하고 맛있는 음식을 밖에 나가서 사 먹으려면 우리나라가 아닌 낯선 타지이기에 비싼 돈 주고 맛이 복불복인 음식을 먹어야 하는데, 매번 맛있는 음식을 정성스럽게 만들어 주셔서 감사하고 또 감사했다.

아무리 맛 좋은 음식이라도 식사하는 자리가 불편하다면 음식이 코로 들어가는지 귀로 들어가는지 입으로 들어가는지도 모른다. 다행히도 이곳에는 푸짐한 음식들과 함께했던 좋은 사람들이 곁에 있어 즐거웠다. 나에게 있어서 맛있는 음식을 배불리 먹는 것도 중요했지만, 좋은 사람들과 함께할 수 있어서 더욱더 의미 있는 시간이었다.

인연Ⅳ 치앙마이에서 지인을 만나다

　난생처음으로 우리나라가 아닌 다른 나라에서 우연히 지인을 만났다. 한국에서 미리 약속하고 만난 일정이 아니었기에 이런 만남이 굉장히 신기했다. 이곳에서 만났던 지인은 우리 부모님과 평소에도 자주 만나고 연락할 정도로 친분이 두터운 사이였던 이모와 아저씨, 두 분을 만났다. 그런 이유로 나와도 어느 정도 친분이 유지되고 있었다. 두 분을 평소에 만났을 때도 물론 좋았지만, 낯선 곳에서 두 분을 만나니 더 반가웠고, 지금 일어나는 일이 진짜가 맞나 싶을 정도로 현실감이 없을 때도 있었다.

　원래 계획대로라면 우리 부모님도 함께 있어야 했는데, 사정상 그렇지 못했다. 그래서 '우리 부모님께서도 이곳에서 함께했더라면 어떤 모습이었을까?'라는 상상을 가끔 했다. 그러나 아쉬움을 느꼈던 기분도 잠시, 부모님의 빈자리를 가득 채워줄 두 분을 만났다. 치앙마이에서 두 분을 처음 만났을 때 나는 저 멀리서 얼굴을 확인하고 반가워서 어쩔 줄 몰라 했다. 그런 나의 모습을 보았는지 이모와 아저씨께서는 어린아이와 같은 해맑은 미소로 나를 반겨주셨다. 그리고 이모께서는 나를 꼭 안아주셨다.

이모와 아저씨께서는 나보다 늦게 치앙마이를 방문하셨는데, 함께 만났던 시기가 나는 한 달 살기가 곧 마무리되어 치앙마이를 떠나야 할 때였다. 그래서 남은 나흘 동안 매일 만났다. 만날 때마다 맛있는 음식을 사주셨는데, 두 분께서 이전에 잘 알고 있었던 식당으로 갔다. (이모와 아저씨께서도 우리 부모님과 똑같이 치앙마이를 해마다 오셔서 나보다 더 잘 아셨다) 다양한 현지식과 호텔 뷔페, 훠궈 등 그 외에도 이전에 알지 못했던 음식들을 다양하게 맛볼 수 있었다. 이모와 아저씨와 함께 매일 맛있는 음식을 먹다 보니, 점점 살이 차올라 나의 몸과 볼살이 포동포동해지는 모습을 느낄 수 있었다.

그리고 두 분 덕분에 태국 과일 중 으뜸이라서 값비싸지만, 냄새가 고약했던 두리안의 색다른 면을 볼 수 있었다. 이 경험을 하기 전에는 무료로 주어도 먹고 싶지 않았던 과일이었는데, 이곳에서 맛본 두리안으로 이전에 생각했던 부정적인 인식이 모두 다 지워졌다.

어느 날 길을 가다가 로컬 과일 가게에서 두리안을 사주셨다. 이모께서 이건 괜찮다며 두리안 한 조각을 손에 쥐어졌을 때 예의상 거절을 못 하고 어쩔 수 없이 두 눈 질끈 감고 먹었다. 그런데 내가 알고 있던 맛이 아닌 의외로 괜찮았다. 과거에 먹었던 두리안은 씹는 순간 퀴퀴한 냄새가 심하게 나고 맛도 그리 좋지 않았다. 하지만 이모가 권해준 두리안은 맛이 달랐다. 처음엔 물컹했지만, 씹으면 씹을수록 달콤했고 계속 끌리는 맛이었다. 그 계기를 통해 두리안 인식이 180도 달라졌다. 만약 이모 호의를 거절했다면, 아마도 나는 두리안의 진정한 맛을 평생 몰랐을 거다.

두 분을 이곳에서 만났던 사실만으로도 좋았는데, 만날 때마다 매번 좋은 이야기 해주시고, 맛있는 음식도 사주셔서 배도 부르고 마음도 든든했다. 그 당시 한편으로는 계속 받기만 하고, 그에 따른 감사 인사만 전해드려서 속상했다. 그래서 경제적으로 여유 있는 일상 또는 한국에 돌아갔을 때는 맛있고 좋은 곳에서 꼭 대접해드려야겠다고 다짐했다.

걱정하실까 봐 두 분께는 내색하진 않았지만, 기분이 좋지 않았다. 그 이유는 막상 한국으로 돌아갈 시간이 되어 두 분께 이곳에서 마지막 인사드리고 헤어지려고 했더니, 괜히 슬펐다. 한국에 돌아가서도 다시 만날 수 있는 상황이었으나, 왠지 모르게 나의 감정은 두 분과 오랫동안 보지 못할 사람처럼 씁쓸했다. 하지만 곧 떠나야 해서 더 좋은 다음을 기약하며 마지막을 즐겁게 마무리했다.

평소에 잘 알고 있었던 두 분을 치앙마이에서 만나게 되어 정말 반가웠고, 헤어질 때는 아쉬움이 많이 남았지만, 치앙마이에서의 색다른 추억이었다. 두 분과 함께 했던 시간이 잊을 수 없는 추억이 되어, 다음 여행에도 이와 같은 우연이 또 찾아왔으면 한다.

제7장

본래 삶으로 돌아오다

다시 일상으로 돌아온 첫날

치앙마이에서의 생활이 어느 정도 익숙해질 때쯤 한국으로 돌아와야 했다. 초반에 설렘 반 두려운 반을 안고 도전한 한 달 살기가 드디어 막을 내렸다. 비행기 타야 할 일정이 다가와서 이곳을 떠나야 했지만, 정이 많이 들어서 막상 떠나려니 아쉽고, 쉽게 떠날 수가 없었다. 그리고 치앙마이에서 느긋함에 취해 느긋하게 살아온 생활방식에서 똑같은 하루를 빠르게 움직여야 하는 나의 일상으로 돌아가야 한다는 사실이 두려워, 전부 다 부정하고 싶었다. 비행기 타기 전까지도 시간이 그대로 멈췄으면 하는 소망으로 가득했다.

한국으로 돌아가려고 치앙마이 공항에 와서 짐을 싣고 탑승할 비행기를 기다리고 있는데 이곳도 나와 헤어지기 싫었는지 아님, 나의 마음을 읽었는지 비행기도 약 40분 연착되어 비행기 탑승을 기다려야 했다. 치앙마이도 나와 정이 들었는지 우린 역시 텔레파시가 통했다.

아쉬움을 잠시 뒤로 한 채 다시 치앙마이에 돌아올 거라는 생각으로 비행기에 탑승했다. 비행기 탑승하는 동안에는 치앙마이에서 겪어 왔던 경험들과 찍어둔 사진, 영상을 하나하나 되짚어 보았다. 내가 분명히 겪어왔던 추억들인데 생각하면 생각할수록 허구로 만들어진 환상 같았다. 정말 현실감이 없었다. 향수에 젖어 열심히 추억들에 빠져있으니 5시 30분 비행이 상당히 짧게 느껴졌다.

비행기에 내려 코리아 웰컴이라는 문구를 보며 한국 땅을 밟으니, 긴장이 풀어지고 안도감이 느껴졌다. 치앙마이에서 한국으로 돌아오는 비행기 타기 전에는 무작정 한국으로 가야 한다는 사실에 아쉽기만 했지만, 막상 한국에 돌아오니 대단히 편했다.

그리고 한국에 돌아오니, 마음의 편안함과 동시에 나에 대해 뿌듯함을 느낄 수 있었다. 낯선 땅에서 아픈 경험은 있지만, 한국에 다시 돌아왔을 때 아픈 곳 하나 없이 건강하게 돌아온 것과 한 달 동안 혼자서도 여러 가지 일을 극복하고 돌아온 것이 스스로 대견하고 기뻤다. 이런 뿌듯함에 또다시 장기간 여행을 가야겠다고 생각했다. 다음 장기간 여행은 한 달보다 더 긴 시간 여행으로 도전해볼 용기가 났다.

공항에서 집으로 돌아왔을 때는 짐 정리도 하지 않은 채 너무 피곤해서 기절했다. 시차 차이가 2시간밖에 나지 않아 피곤하지 않을 줄 알았는데, 집에 도착하자마자 온종일 침대에 누워있었다. '치앙마이에서 한국으로 다시 돌아오기'라는 미션이 있었기에 긴장을 늦출 수 없어 돌아온 첫날은 몹시 피곤했던 것 같다. 나는 그렇게 '치앙마이 한 달 살기' 일정 중 마지막 일정인 '치앙마이에서 한국으로 안전히 돌아오기'를 잘 마쳤다.

어느새 영어가 늘었다

치앙마이에서 주로 영어를 사용했다. 태국어는 "사우디캅, 카(안녕하세요.)", "코쿤캅, 카(고맙습니다.)"만 할 줄 알았고, 그 외는 전혀 몰랐다. 그래도 할 줄 아는 언어가 영어로 치앙마이에서 생활했다. 참고로 나의 영어 실력은 기본적인 인사말, 얼마인지, 길 물어보는 정도의 아주 간단한 영어만 할 줄 안다. 그 외 어떠한 상황이 닥쳤을 땐 입도 뻥긋하지 못한 실력이었다.

이처럼 영어 회화가 능숙하지 않은 내가 한 달 동안 치앙마이에 살면서 영어를 주 언어로 사용했더니, 나의 영어 회화 실력이 몰라보게 늘어있었다.

'영어가 늘었다'라고 느낄 수 있었던 건, 치앙마이에서 한국으로 돌아오는 비행기를 탔을 때 한국인 승무원에게 나도 모르는 사이에 영어를 사용하여 이야기하고 있는 나의 모습을 발견할 수 있었다. 굳이 영어를 사용하지 않아도 되는데, 한국말보단 영어가 편했는지 처음 꺼낸 말이 영어로 된 말이었다. 지금 생각해도 신기했지만, 그 당시에도 나 자신이 굉장히 놀라웠다. 말을 하고도 순간 깜짝 놀랐다. 길지 않고 짧은 문장이었지만, 자진해서 영어로 말하는 나의 모습이 조금은 대견하고 멋있었다.

그리고 해외 워킹홀리데이라는 여행은 장기간 타국에 있으면서 돈도 벌고 틈틈이 여행도 다니며 영어도 배울 수 있다고 들었다. 이 여행을 실제로 경험하지 않았지만, 이번 여행을 통해 워킹홀리데이를 간접적으로 알 수 있었다. '치앙마이 한 달 살기'라는 여행이 워킹홀리데이 목적이 아니라서 돈은 안 벌었지만, 장기간 해외에 머물면서 능숙하진 않아도 어느 정도 영어 실력이 는다는 것을 알 수 있었다. 영어에 대한 자신감도 생기고 영어도 배울 수 있는 시간이었다.

영어로 말하기가 능숙하지 않았던 내가 이처럼 영어가 자연스러웠던 건, 아마도 한국인이 많이 머무는 곳에 방문하기보단 영어나 다른 언어로 소통할 수 있는 장소를 찾아갔다. 그런 곳에 주로 머물렀기에 영양가 있는 영어를 접할 수 있었다.

그리고 여행 중간에 만났던 여러 외국인 친구들 덕분에 더욱더 영어 실력이 늘었다. 이와 같은 소중한 친구들을 만나지 못했더라면 그저 일상생활에 필요한 간단 영어만 하고 입 다물고 있었을 것이다. 그런데 그들이 다양한 주제로 영어를 구사할 수 있도록 도왔다. 다양한 표현 방법과 영어 단어, 듣기 능력 등 훨씬 더 좋아졌다.

영어 회화 실력이 자연스레 늘었던 두 번째 이유는 현재 닥친 상황에 어떻게든 마주해야 한다는 것과 근거 없는 자신감이었다. 꽤 긴 시간 동안 여행하면서 문제가 되는 일이 종종 생겼다. 함께 여행하는 사람이 없었기 때문에 그 일을 남에게 기대기보단 주도적으로 해결해야 했다. 여러 가지 일 중에 혼자서 해결할 수 있는 부분도 있었지만, 그렇지 못할 경우는 주변에 도움을 요청해야 했다.

그래서 내가 알고 있는 짧은 영어단어와 문장을 사용하여 혼자서 해결하거나 도움을 요청했고, 문제들을 하나하나 해결하다 보니 어느새 그들과 순조롭게 소통했다. 영어가 능숙하지 않아도 그들과 대화가 되는 상황이 기뻤고 어느새 영어에 대한 자신감도 생겼다.

원래는 영어 발음이나 문법적인 부분이 능숙하지가 않아서 영어로 이야기할 때나 영어가 연관된 것을 보면 풀이 죽어있거나 자신감 없었다. 그러나 이곳에 와서 일어나는 상황대로 계속 부딪쳐 보니 영어에 대한 근거 없는 자신감과 생기가 살아났다. 덕분에 능숙하지 못했던 영어 실력도 자연스럽게 늘었고 영어로 말하기가 쉬워졌다. 또한, 영어 트라우마도 조금씩 사라졌다.

혹시 영어로 말하기가 두렵거나 어려운 사람들은 이와 같은 사례를 보면서 힘을 냈으면 한다. 아주 기초적인 영어만 할 줄 아는 사람이 장기간 해외여행을 대범하게 혼자 갔고, 다양한 문제도 혼자서 잘 해결했다는 글을 보면서 용기를 가졌으면 한다. 또는 굳이 영어가 아니어도 다른 나라 언어라도 소극적인 모습보단 때론 대범한 용기가 필요하다고 생각한다.

잘하든 못하든 용기 내어 내뱉는 자체로도 대단히 멋있는 일이다. 하지만 이에 그치지 않고 더 나은 모습으로는 앞서 말한 모습 그대로 꾸준히 노력하다 보면, 어느새 영어(언어) 실력이 몰라볼 정도로 향상되어 있을 거다.

발등에 남겨진 선명한 그을림

   한 달 살기 하면서 나에게는 여러 가지 흔적들 남았다. 치앙마이에 대한 향수, 치앙마이에서 만난 사람들, 여행에서 얻게 된 물건들, 뜨거운 햇볕에 달궈진 얼굴과 발등 그 외에도 여러 가지 있었다. 그중 나에게 있어서 가장 신경 쓰였던 흔적이 있었다. 그건 바로, '발등에 남겨진 그을림'이었다.

   무더운 날씨를 가진 치앙마이에서 열심히 쪼리를 신고 다닌 덕에 뚜렷한 그을림이 생겼다. 얼굴이 다시 하얗게 재생되는 속도처럼 발등 재생 속도도 비슷할 줄 알았는데, 아니었다. 한두 달이 넘어서도 강렬하게 새긴 문신처럼 긴 시간 나와 함께 했다.

   발등에 있는 그을림이 가장 신경 쓰였던 이유는 한국에 돌아온 며칠 후 일을 보려고 여기저기 밖을 돌아다녔는데, 내 발등을 보았는지 굳이 이야기하지 않아도 여행 다녀온 사실을 알았다. 그래서 그 부분이 불편했다.

그 당시에 여행 다녀왔다는 것을 많은 사람에게 알리고 싶지 않았는데, 지인 외에 나를 만난 사람들 모두가 나의 속을 꿰뚫어 본 것처럼 여행 다녀온 것을 알고 있는 듯했다. 그래서 나를 볼 때마다 모두가 한 번씩은 물어봤다. "어디 좋은 데 놀러 갔다 왔나요?" 아님 "어디로 여행 다녀왔나요?"라며 먼저 물어봤다. 이런 질문에 당황해서 "네?"라고 되물었던 기억이 있다.

그래서 오랜만에 만난 사람과 처음 만난 사람이 왜 그렇게 생각했는지 다시 생각해보고 직접 물어보았더니, 발등을 보고 이야기했다는 사람도 있었고 빨갛게 익은 얼굴 보고 이야기했다는 사람도 있었다. 그 외에도 여러 답이 있었지만, 발등이 새카맣게 탄 것을 보고 물어보았다는 이야기가 더 많았다. 한편으로는 그을림만 보고 추측했다는 사실이 신기했다.

얼굴의 그을림은 시간이 지나자 빠르게 돌아왔는데, 햇볕에 제일 많이 노출된 곳이 발이라서 그런 것인지, 치앙마이에서 돌아온 지 약 8개월 동안 계속 유지되어 여러 가지 방법으로 애썼다. 현재는 시간이 지나 희미해졌지만, 아직도 미세하게 남아있다. 이런 그을림이 계속 지속하여서 처음에는 '없어지지 않고 뚜렷함이 계속되면 어쩌나?' 고민을 많이 했는데, 점차 본래 모습으로 돌아와서 천만다행이었다.

한편으로는 그 그을림 덕분에 때론 기분이 좋았다. 빠르게 돌아가는 일상 속에서 스트레스받을 때 발등에 남겨진 선명한 그을림을 가끔 보면, 즐겁게 다녀왔던 치앙마이 여행이 생각나서 기분이 좋아졌고 점점 잊힐 법한 치앙마이 추억을 새록새록 되새겼다.

이 그을림이 오래 남아있어서 여러 가지 장단점이 있었는데, 또 없었으면 서운할 뻔했다. 어떤 곳으로 여행을 다녀왔을 때 다양한 경험, 추억, 흔적 등 무엇이든 남아있어야 좋다고 느낀다. 이 그을림도 마찬가지로 또 하나의 경험, 추억, 흔적으로 느껴지기 때문에 이것이 없었으면 이빨 빠진 이처럼 마음이 허했을 거 같다.

발등에 선명하게 남겨진 그을림이 어서 빨리 없어지길 바라며 신경이 쓰였는데, 시간이 지나 돌이켜보니 또 하나의 소중한 보물로 남아있었다.

치앙마이에서 '한 달 살기'를 하고 깨닫게 된 것들

중도 하차 없이 그리고 다친 곳 없이 혼자서도 '치앙마이 한 달 살기'를 잘 마쳤다. 혼자서도 잘 다녀온 나에게 박수를 보낸다~ 방문 전까지만 해도 설렘 반 두려운 반인 마음을 갖고 표를 예매하고 떠났는데, 어느새 여정이 끝이 났다.

처음 다녀오는 한 달짜리 여행이라서 '긴 시간 동안 혼자인 내가 과연 잘 해낼 수 있을까?' 스스로 의문이 들었지만 실제로 여행을 다녀왔더니, 의문과는 달리 혼자서 잘 해냈다. 혼자서도 잘 자고, 잘 다니고, 잘 먹고, 그리고 친구들을 만드는 등 다양한 경험이 가득하여 한 달이라는 시간이 짧았다. 혼자서도 잘 자고 잘 다니고, 잘 먹고, 기세를 이어 친구도 만드는 등 다양한 경험이 가득했기에 당연히 한 달이라는 시간이 짧게 느껴졌다. 그래서 그곳에서 겪었던 모든 경험이 더욱더 소중하고, 마지막 일정 때는 하염없이 흘러가는 시간을 붙잡아 두고 싶었을 만큼 아쉬움도 컸다. 그만큼 이번 여행이 대단히 만족스러웠다는 증표가 아닐까 싶다.

기분 좋은 일도 많았지만, 그렇다고 이번 여행이 항상 기분 좋은 일만 있었던 것도 아니었다. 그 당시에는 정신없을 정도로 고생 좀 했지만, 시간이 지나고 다시 보니 좋았던 추억이든, 고생했던 추억이든 모두 똑같이 배울 점이 있는 경험으로 보였다.

그리고 한 달 살기 하면서 알 수 있었던 건, 사람 사는 곳은 어디를 가나 비슷하다는 점도 뼈저리게 체감할 수 있었다. 낯선 곳이라 노심초사했던 부분과 어떤 문제가 생겼던 부분도 일상생활하며 헤쳐나가듯이 쉽게 해결할 수 있었다. 한국에 갖춰져 있는 것들이 이곳에도 풍부하게 갖춰져 있었기 때문에 평소에 생활하듯이, 또는 평소에 문제를 해결하듯이 이곳에서도 똑같이 생활하면 얼마든지 해결할 수 있다는 것을 알 수 있었다.

혼자서 낯선 곳에 생활하면 느낄 수 있었던 것은 비록 낯선 이곳에 혼자 왔지만 혼자가 아니라는 것을 깨닫게 했다. 치앙마이에서 이곳저곳 돌아다니면서 만난 나와 같은 여행객들, 그곳에 사는 현지인들이 반겨주어 외롭지 않았다. 언제나 든든했다.

또한, 여러 사람을 만나보니, 여행 다니면서 만난 사람들과 친해지고 소통하는 부분에 있어서 능숙한 회화보단, 활짝 열린 마음, 그들과 소통하려고 경청하고 노력하는 진심이 정말 중요하다는 것을 일깨워 주었다. 처음에는 능숙하지 않은 영어 실력으로 상대방이 내 말을 잘못 알아듣거나, 싫어하면 어쩌지라는 생각을 했지만 실상 그들은 그 반대였다. 잘 안되는 영어로 내가 이상하게 이야기해도 어떻게든 소통이 될 수 있도록 그들은 도와주었다. 그리고 서로 의사소통이 잘 이루어질 때까지 서로가 귀담아주고, 개방적인 마음으로 그들의 말을 경청하며, 소통하는 것을 그들은 원했

다. 무엇보다 능숙한 영어로 쉽게 소통하는 것보단 내가 잘 할 수 있는 건, 그들의 말을 어떻게든 잘 들어주려고 노력하는 것이었다. 이러한 나의 진심이 그들에게도 통했는지, 그들과 수월하게 친해질 수 있었다.

치앙마이에서 한 달 살기를 하는 동안 이곳에서 눈에 보이는 것뿐만 아니라 눈에 보이지 않은 것들을 많이 얻었다. 조금 더 나아진 여유로운 마음이 생겼고, 치앙마이 문화와 현지인 삶을 직접 경험하여 의미 있는 추억들과 깨달음이 마음 한쪽에 남았다. 또한, 이전에 보지 못한 나의 색다른 모습을 다양하게 발견할 수 있는 시간이었기 때문에 이번 여행이 더욱더 의미 깊고, 정말 특별했다.

혼자서도 한 달 살기를 해봤으니, 이 여행보다 더 긴 여행도 혼자서 떠날 수 있을 것 같다. 그 긴 여행이 언제가 될지 모르겠으나, 떠나게 되면 이 경험을 되살려서 잘 헤쳐나가야겠다. 그날을 고대하며 때를 기다려본다.

에필로그

이 에필로그까지, 마지막 장까지 도달해주어서 진심으로 감사하다. 이 책은 한 달 살기로 유명한 '치앙마이에서 한 달 살기'를 하면서 직접 겪었던 좌충우돌했었던 일들에 대해 느낀 것들을 주관적으로 적은 글이다. 동시에 처음으로 경험한 '해외에서 혼자 한 달 살기'가 그리 어렵지 않다는 것을 일러준다. 혼자 여행에 있어서 아마추어인 내가 간단한 지식만을 갖고 혼자서 장기간 여행을 잘 다녀왔으니, 누구든지 혼자 떠나는 여행을 잘할 수 있다는 것을 알려주고, 용기를 심어주는 책이기도 하다.

다만, 시기가 시기인 만큼 현재 유행하는 전염병으로 '사회적 거리 두기'를 하는 시기라서 지금 당장 여행을 떠나라고 추천을 하지 못하겠다. 얼른 나쁜 바이러스들이 잠잠해지고 안정이 되길 기도하며 '사회적 거리 두기'

를 하지 않고 언젠가 마스크 없이도 평범한 일상생활을 하여 떠날 기회가 주어진다면, 설렘이 가득한 치앙마이 방문과 홀로 떠나는 여행을 추천한다.

그런 날이 오면 홀로 떠난 독자와 함께 나 또한 어디론가 떠날 것 같다. 이 책을 읽고 용기를 내어 치앙마이로든 어디로든 혼자 여행을 떠난 사람과 우연히 만나는 일이 실제로 일어나길 희망한다.

"마지막으로 이처럼 긴 글을 쓸 수 있도록 도와주신 분들께 감사 인사를 전하고자 글을 남깁니다. 책을 쓴다고 하니 제일 먼저 응원해준 가족과 나의 소중한 친구들에게 진심이 담긴 고마움을 전하고 싶고, 글을 쓸 수 있도록 권유해주시고, 도와주신 마음세상 출판사 관계자분께 진심으로 감사 인사드립니다. 모두 저를 위해 애써주셔서 감사합니다."